이메일을
더 신속하게,
더 적게,
더 잘 쓰는법

이메일을
더 신속하게,
더 적게,
더 잘 쓰는 법

초판 1쇄 발행 2020년 4월 30일

지은이 다이애나 부허
옮긴이 김문주
감수 윤선현
발행인 홍경숙
발행처 위너스북

경영총괄 안경찬
기획편집 안미성, 오창희

출판등록 2008년 5월 2일 제 2008-000221호
주소 서울 마포구 토정로 222, 201호(한국출판콘텐츠센터)
주문전화 02-325-8901

디자인 김종민
제지사 월드페이퍼(주)
인쇄 영신문화사

ISBN 979-11-89352-25-7 03320

책값은 뒤표지에 있습니다.
잘못된 책이나 파손된 책은 구입하신 서점에서 교환해 드립니다.
위너스북에서는 출판을 원하시는 분, 좋은 출판 아이디어를 갖고 계신 분들의 문의를 기다리고 있습니다.
winnersbook@naver.com Tel 02)325-8901

이 도서의 국립중앙도서관 출판예정도서목록(CIP)은 서지정보유통지원시스템 홈페이지(http://
seoji.nl.go.kr)와 국가자료공동목록시스템(http://www.nl.go.kr/kolisnet)에서 이용하실 수 있습니다.(CIP제어번호: CIP2020013161)

New Message

To

Subject

성공하는 사람들의
7가지 이메일 전략

이메일을
더 신속하게,
더 적게,
더 잘 쓰는법

FASTER,
FEWER,
BETTER
EMAILS

T̞ **B** *I* U A

다이애나 부허 지음 | 김문주 옮김 | 윤선현 감수

Send

Winner's Secret Library · 위너스북
WINNER'S BOOK

추천사

개인적·업무적 커뮤니케이션의 주요 도구를 이메일로 사용하고 있는 현대인에게 좋은 지침서다. 이메일 잘 쓰는 능력 향상은 선택이 아닌 필수라 할 수 있기에 『이메일을 더 신속하게, 더 적게, 더 잘 쓰는 법』에 소개된 '7가지 이메일 전략'을 배우고 익힌다면 메시지 전달력이 향상되고, 업무처리 능력과 신뢰도를 높일 수 있을 것이다.

— 윤선현 정리 컨설턴트,
베스트셀러 『하루 15분 정리의 힘』 저자, 유튜브 <윤선현의 정리학교>

이 책은 우리가 이메일 사용에 관한 새로운 방식에 눈을 뜰 수 있도록 해준다. 『이메일을 더 신속하게, 더 적게 더 잘 쓰는 법』이라는 제목만 봐도 한눈에 이 책을 파악할 수 있다. 이메일 양을 관리하고 끊임없는 압박감을 줄여주며 명료한 커뮤니케이션을 증진시켜주기 위한 실용적인 전략과 팁을 제시한다.

— 브라이언 트레이시 Brian Tracey,
『백만불짜리 습관』 저자

이 책은 우리가 이메일 사용에 관한 새로운 방식에 눈을 뜰 수 있도록 해준다. 이메일의 목적, 구조, 부적절한 사용, 보안 위험, 그리고 생산성 전략까지 모두!

– 마샬 골드스미스 Marshall Goldsmith,
뉴욕타임스 베스트셀러 1위 『행동의 방아쇠를 당기는 힘-트리거』, 『모조』,
『일 잘하는 당신이 성공을 못 하는 20가지 비밀』 저자

다이애나 부허는 요점을 기억하기 쉽고, 효과적이면서 효율적으로 이해시켜주기 위한 자기 분야의 장인이자 커뮤니케이터이자 조언가다. 『이메일을 더 신속하게, 더 적게, 더 잘 쓰는 법』으로 그녀는 우리가 즉각적으로 활용할 수 있는 또 다른 성공작을 내놓았다.

– 짐 커지스 Jim Kouzes,
베스트셀러 『리더십 도전』 공저,
라이스대학교 도어 인스티튜트 포 뉴 리더스 Doerr Institute for New Leaders 펠로

이메일로부터 연중무휴의 커뮤니케이션이 주는 진정한 성과를 얻고 너무 자주 발생하는 생산성 구멍을 막기 위한 실용적인 전략과 팁을 알려준다. 이는 다이애나 부허가 선사하는 또 다른 히트작이라 할 수 있다.

– 랄프 D. 히스 Ralph D. Heath,
록히드마틴의 전前 부사장

다이애나 부허는 본인만이 할 수 있는 방식으로 독특한 지혜와 놀라운 통찰력을 제공하면서 이메일 커뮤니케이션을 효과적인 방법들을 담아냈다.

– 캐서린 블레이드 Catherine Blades,
아프락 Aflac의 수석 부사장 겸 ESG 및 커뮤니케이션 책임자

이메일은 우리의 전문적이고 개인적인 삶의 전지전능한 부분이 되어 버렸기 때문에 다루기 쉽다. 그래서 이 책은 이메일을 통한 당신의 생산성뿐만 아니라 전문적 평판, 심지어 당신의 보안과 회사에도 어떤 영향을 미치는지 잘 상기시켜주는 책이라고 할 수 있다. 다이애나 부허의 7가지 이메일 전략을 잘 실행하고 있다면 성공의 길을 한 발짝 다가갈 수 있다.

– 브라이언 체이스 Brian Chase,
벨 헬리콥터 Bell Helicopter 엔터프라이즈 얼라인먼트 담당 이사

다이애나 부허는 이메일 공간에 빠진 사람들을 위해 반드시 읽어야 할 책을 썼다. 그녀는 오늘날의 디지털 세계에서 이메일을 마스터하기 위한 실질적인 조언과 팁을 제공한다.

– 버지니아 하니스치 Virginia Harnisch,
SMBC 캐피털마켓의 최고 준법 감시 및 관리 책임자

이메일 감옥에서 탈출하는 방법을 7가지 전략으로 알려준다. 이 책의 전략만 익힌다면 이메일 시간을 절반으로 줄이고 커뮤니케이션 흐름을 개선할 수 있을 것이다.

– 킴 캠벨 Kim Campbell,
TXU 에너지의 고객 옹호 담당 선임 관리자

만약 바쁜 경영진이라면 팀원들에게 이 책에 담겨 있는 7가지 이메일 전략을 읽고 실행하도록 해야 한다. 생산성이 향상되고 놀라울 결과를 보게 될 것이다.

– 해롤드 R 로프틴 주니어 Harold R. Loftin. Jr.,
법률 사무국장 및 법률 고문

감수자의 글

제가 소싯적 직장 다닐 때는 이메일이 업무보고뿐 아니라 사내 커뮤니케이션 도구로도 많이 사용되었습니다. 메신저 역할까지 했던지라 간혹 웃지 못할 해프닝도 발생했는데 아직도 잊혀지지 않는 2가지 사건이 있습니다.

첫 번째는 L대리가 상사직원에게 받은 업무 이메일을 친한 직원에게 전달하며 상사 욕을 늘어놓는다는 게 실수로 전체답장을 했던 겁니다. L대리는 크게 꾸지람을 듣고 장문의 사과 이메일을 보내며 사건이 마무리 됐지만, 며칠 동안 L대리의 웃는 모습을 볼 수가 없었습니다. 두 번째는 재무팀 K씨가 몰래 사내연애를 하던 직원에게 둘 만의 이메일을 보낸다는 게 실수로 이메일 주소가 비슷한 저에게 발송했던 일입니다. 저는 읽자마자 삭제하고, 못 받은 척, 모른 척 했지만 한동안 K씨만 보면 표정관리 하느라 힘들었던 적이 있었습니다.

여러분들도 회사 내에서 이메일을 많이 사용한다면 이 같은 일을 경험해보셨을 겁니다. 그런데 이런 대부분의 이메일 사건사고들은 발송 전 몇 초만 확인하고 신경쓰면 발생되지 않았을텐데 익숙함의 오류라고 볼 수 있습니다.

저는 지금까지 20년을 넘게 이메일을 사용했지만 제대로 배운 적은 없습니다. 이메일을 쓰면서 반복되는 실수를 스스로 습득하고 배우거나, 동료직원의 정갈한 이메일을 따라쓰기 위해 문장부호나 이모지에 신경을 쓰며 이메일 사용법을 익혔습니다. 요즘은 SNS·메신저·협업툴의 등장으로 이메일을 쓰는 일은 많이 줄었지만, 오래 전이나 지금이나 이메일의 사용목적은 '원활한 커뮤니케이션'입니다. 업무 목적을 사용하는 경우라면 '생산성 향상' 또한 중요합니다.

여러분들이 사용하는 이메일은 원활한 커뮤니케이션과 생산성을 향상하는데 도움이 되고 있나요? 정확한 요구사항이 전달되지 않아 다시 전화해서 미팅일정을 확인해야 한다거나, 발송된 이메일에 답장이 올 때까지 무한 대기를 해야 한다거나, 수신한 이메일을 확인만 하고 업무가 처리되지 않아 시간낭비 또는 비용손실이 되지는 않았나요? 만약 그렇다면 제대로 된 배움의 조치가 필요합니다.

몇 년 전 다국적기업에 다니는 지인과 12시 점심약속이 있었는데 지인은 약속시간 40분이 지나서야 지친 모습으로 도착했습니다. 약속에 늦은 이유는 이러했습니다. 약속시간 맞추려고 출근하자마자 급한 이메일만 회람하고 회신하고 오려 했는데도 오전시간을 다 썼다는 겁니다. 다국적기업이라 24시간 내내 전세계에서 이메일이 온다고 했습니다. 이 때문에 이메일 확인하는 것에 대한 스트레스가 매우 높았습니다.

저는 직업병이 발동하여 '메일을 처리하는데 30분 이내로 시간을 제한할 수 없느냐?'고 물었더니 '그건 불가능하다'라고 말했습니다. 심지어 이메일 제목만 보는데도 30분 정도의 시간이 걸린다고 했습니다. 그 말을 듣고 제가 놀란 이유는 "받은 이메일은 시간이 얼마나 걸리더라도 다 읽어야 한다", "모두 답장하지 않으면 '능력 없는 직장인'이라고 보일 것 같다"는 생각에 사로잡혀 있었기 때문이었습니다.

저자 다이애나 부허가 알려주는 '7가지 이메일 전략'을 배우고 익힌다면 이메일을 커뮤니케이션의 용도뿐 아니라 업무처리 능력, 생산성까지 높일 수 있을 것입니다. 『이메일을 더 신속하게, 더 적게, 더 잘 쓰는 법』은 제 인생에서 첫 감수를 맡은 책이기도 하고, 이메일에 대한 제대로 된 배움이 없었던 저의 이메일 사용 패턴에 개선점을 찾고자 꼼꼼히 읽어보았습니다. 그리고 받은 이메일을 다시 훑어보며 이 책에 소개된 MADE 포맷을 적용하였습니다. 커뮤니케이션과 생산성을 높일 수 있는 포인트를 찾고 제 인생의 첫 이메일 공부를 제대로 해볼 수 있어서 좋은 기회였습니다.

『이메일을 더 신속하게, 더 적게, 더 잘 쓰는 법』은 개인적·업무적 커뮤니케이션의 주요 도구를 이메일로 사용하고 있는 현대인에게 좋은 지침서입니다. 이메일 잘 쓰는 능력 향상은 선택이 아닌 필수라 할 수 있기에 책 안에 소개된 '7가지 이메일 전략'을 배우고 익힌다면 메시지 전달력이 향상되고, 업무처리 능력과 신뢰도를 높일 수 있을 것입니다. 또한 7가지 전략으로 이메일을 처리하는데 3가지 변화를 경험하게 될 것입니다.

① **메시지 전달력 향상:** 어려운 요청사항, 구체적인 업무 지시 등 다양한 성격과 내용이라고 해도 간결하고 명료하게 메시지를 전달할 수 있습니다. 우리가 평소에 작성하는 이메일은 동맹국가에 보내는 친서가 아닙니다. 최대한 잡동사니를 정리해야 합니다.

② **빠른 업무처리 능력**: 작성하는 시간을 줄이고, 받은 이메일의 핵심을 파악해 신속하게 대응할 수 있습니다. 이메일 창에서 머무는 시간보다 실제적인 업무처리와 중요한 데이터를 점검을 위해 더 많은 시간을 사용해야 합니다.

③ **신뢰도 증가:** 한 번 발송된 이메일은 마치 출판물처럼 남겨지고, 확산되고, 누군가는 여러분을 판단하는 수단이 될 수 있습니다. 문법, 문체 하나에도 신경을 써야 하며, 발송해도 무방한 내용인지도 자체검열이 필요합니다. 사내의 중요한 동료나 상사, 주요 클라이언트에게 어떤 신뢰도를 높이는 데 훌륭한 도구가 될 수 있습니다.

여러분의 받은 메일함에서 '일 잘하는 사람'이라고 생각되는 10명의 이메일을 한번 살펴보세요. 그들의 이메일에서 공통점이 발견 되시나요?

『이메일을 더 신속하게, 더 적게, 더 잘 쓰는 법』에 소개된 이메일 작성법 한두 가지의 변화만 적용한다면 분명한 변화를 경험하시게 될 것입니다.

성공과 혁신은 작고 사소한 것에서 시작되니까요!

윤선현 정리 컨설턴트

목차

제1장
받은 메일함, 잡동사니 쳐내는 기술부터 배우자

첫 번째 원칙: 다른 소프트웨어가 더 적절하게 처리할 수 있는 업무에 이메일을 사용하지 말자

두 번째 원칙: 받은 메일함을 창고로 쓰지 말자

세 번째 원칙: 팀원들에게 '전체 답장'을 하지 말도록 부탁하자

네 번째 원칙: 의미 없는 답장에 연연하며 쌓아두는 일을 멈추자

다섯 번째 원칙: 이메일 수신 확인을 해주고 여러분의 계획에 따라 대응하자

여섯 번째 원칙: 배포 목록을 추려내자

일곱 번째 원칙: 홍보 또는 압력의 수단으로 이메일에 참조됐을 때는 답장지 말자

여덟 번째 원칙: 사람들이 소개를 한 후 뒤로 빠질 수 있게 해주자

아홉 번째 원칙: 농담이나 불평, 자선운동, 공지 등을 포워딩하는 일을 그만두자

열 번째 원칙: 더 이상 필요 없는 전자잡지는 구독 해지하자

열한 번째 원칙: 오랜 부재 후에는 어떤 이메일에 답장을 보낼지 다시 분류하자

열두 번째 원칙: 이메일 알람을 꺼놓거나 자동복원 기능을 비활성화하자

제2장
메일 수신자, 읽는 사람을 파악하고 전달 내용을 생각하자

누가 여러분의 이메일을 읽는가?

이메일을 읽는 사람들의 주요 관심사는 무엇인가?

들어가며

저는 이메일을 좋아해요. 가능한 한 비동시적으로 소통하려고 노력합니다. 저는 정말 이메일 쓰는 데에 귀재예요.

– 엘론 머스크Elon Musk, 스페이스XSpaceX의 창업자이자 CEO,
테슬라Tesla와 뉴럴링크Neuralink의 공동창업자이자 CEO

동료 로렌조가 지역 유통업자를 선정해야 한다며 내 담당 유통망에 소문 좀 내줄 수 있는지 물어보는 이메일을 내게 보내왔다. '이상적인 유통업자'는 세일즈 팀을 꾸리고 지역판매에 대한 수수료를 받게 되며, 회사 내에서 지분을 가지게 된다.

나는 연락처를 뒤적거리며 그가 고려해볼 만한 몇몇 후보들을 이메일로 보냈고, 그는 전화로 세 후보에게 연락을 했다. 빙고! 한 명은 즉각적인 관심을 보였고 모든 자격조건에 들어맞았다. 정확히 말하자면, 로렌조와 이 잠재적 유통업자가 이메일을 주고받기 전까지 말이다.

로렌조는 후보인 에이미에게 독점판매권에 대한 자세한 정보를 이메일로 보냈고 그 지역의 시장을 성장시키기 위한 계획을 보내 달라고 요청했다. 에이미는 스마트폰으로 암호문 같은 답장을 보내왔다.

'흥미로움…… 여행 중 아주 신남 사무실로 돌아가면 더 보냄'

2주 후 에이미는 또 다른 암호문을 이메일로 보내왔다. 이번에도 역시 공항 보안검사대를 급히 통과하는 와중에 쓰기라도 한 듯, 마침표도 없이 생각의 흐름대로 써내려간 메시지였다. 철자도 틀렸으며 문법적으로 잘못되고 정보도 불충분했다.

이쯤에서 로렌조가 에이미의 이메일 2통을 내게 포워딩하며 이렇게 물었다.

"내가 이 분의 커뮤니케이션 능력에 대해 과장해서 반응하는 건가? 내가 붙여넣기 한 이메일을 읽어보고, 이 분이 우리 회사를 관리자급으로 대표하도록 협력관계를 맺어도 될지 얘기 좀 해줄래? 결국엔 영업이 아니라 관리를 담당하게 되겠지만, 그래도 처음에는 이 분이 직접적으로 고객들과 접촉을 하게 될 거야. 이런 분이 고객들과 소통하는 걸 믿어도 될까?"

나는 로렌조가 포워딩한 이메일들을 차례로 읽어보았다. 에이미 후보가 독점판매권을 딸 수도 있다는 사실에 흥분하고 있음이 강하게 드러났다. 그러나 마치 갓 말을 배우기 시작한 사람이 쓴 것처럼 느껴지는 이메일 내용이었다. 문법, 철자가 틀렸을 뿐 아니라,

세세한 내용이 부족하다 못해 애매한 일반론이 장황하게 쓰여 있었다.

"뭐 어쩌다 그런 거겠지." 나는 로렌조에게 말했다. "아마 컨디션이 좋지 않았나봐. 이 분이 딱 맞는 영업과 마케팅 경험, 그리고 경영자격을 모두 갖추고 있다면 네가 한 번 넌지시 이 협력관계에 글쓰기가 얼마나 중요한지 말해보지 그러니? 그리고 어떻게 말씀하시는지 한번 보자."

따라서 로렌조는 그런 식으로 접근해봤다. 그는 에이미의 글쓰기에 대해 우려되는 바가 있지만 처음 전화통화를 통해 논의했었던 성장계획에 아주 기대된다고 말했다.

에이미의 답장은 어땠을까? 또다시 두서없고 실수투성이의 이메일이 도착했다.

로렌조는 포기하고 다음 후보자로 넘어갔다. 그가 한 말을 빌리자면 "나는 간단명료한 이메일도 쓰지 못하는 유통업자에게 맡기기에는 내 브랜드와 사업에 너무 많은 공을 들여왔다고!" 그만큼 이메일 한 통으로 상대방의 이미지를 대략 파악할 수 있다는 것이다.

이메일은 신뢰성과 명료성 때문에만 중요한 것이 아니다. 이메일은 보안위험과 법적 책임을 야기하기도 한다. 여러분이 쓴 이메일이 여러분에게 어떻게 유리하게, 또는 불리하게 작용하는지에 따라 이 모든 것이 결국 커다란 플러스 요인이나 커다란 마이너스

요인이 되는 것이다.

나는 30년 이상 무수히 많은 업계에 있는 클라이언트 조직의 사람들과 이메일을 주고 받았다. 우리 회사는 클라이언트가 쓴 원래의 이메일이 효과가 없으며, 우리의 손을 거친 이메일이 왜 더 나은 반응을 이끌어 내는지 분석하는 일을 한다. 우리가 일하면서 가장 흥미로운 부분이 무엇일까? 바로 '이메일이 미친 영향'에 관한 이야기들이다. 예를 들어 이메일의 엉성한 표현 때문에 소송에 휘말리거나, 무신경한 발언으로 고객을 잃거나, 정보가 사라져버리는 바람에 확실하지 않은 돈을 지불하게 될 수도 있다. 또한 중요한 첨부자료를 제멋대로 저장하는 바람에 좌절을 겪거나 마감을 놓칠 수도 있다.

이 책은 그러한 실수들과 관련해서 치러야 할 커리어 및 조직의 대가에 대한 모음집이 될 수도 있었으나, 그랬다가는 독자들에게 더 많은 스트레스만 안겨줬을 것이다. 그래서 이메일로 인해 실수가 아닌 도움이 될 수 있도록 만들었다.

어느 주말 연휴 부모님은 저녁식사를 하러 우리 집에 들르셨고, 내가 좀 더 머물다 가시라고 청했을 때 나는 우리가 '이메일의 압도' 상태에 도달했음을 깨달았다. 연로하신 어머니가 녹초가 된 채 한숨을 내쉬며 이렇게 말씀하셨기 때문이다. "미안한데, 우린 집에 가는 게 나을 것 같구나. 집에 가서 이메일을 확인해야 하거든."

불행히도 사람들은 직장이 있든 은퇴를 했든 간에 여전히 자판을 두드린다. 휴가를 가서, 운동을 하면서, 잠자리에서, 밥을 먹으면서 심지어 자신 또는 다른 사람의 병상에서도.

아마도 우리의 이메일 습관은 정신적으로나 감정적으로 진을 빠지게 만들고 있을 것이다. 그 결과, 조직은 생산성을 잃고 우리는 스트레스를 얻게 된다. 이메일은 우리의 일하는 방식을 혁명적으로 바꿔놓았고, 시간을 엄청나게 절약해준다. 그 외 다양한 장점을 가졌지만, 동시에 우리를 삼켜버리고 또 다른 생산성의 구멍을 만들어낸다.

우리 회사인 부허리서치기관Booher Research Institute은 최근 노던콜로라도대학교Northern Colorado University, NCU의 소셜리서치 랩으로부터 이메일 커뮤니케이션 습관과 생산성에 관한 설문조사를 실시해달라는 의뢰를 받았다. 복수의 산업에서 근무하는 지식노동자들의 이메일 습관에 대한 조사 결과, 응답자의 37%가 이메일을 읽고 쓰는 데에 하루에 1시간에서 2시간을 사용했으며, 25%는 하루에 3시간에서 4시간을 이메일에 썼다. 그리고 '여러분은 얼마나 자주 이메일을 확인하는가?'라는 질문에 대해 55%가 매시간 또는 시간당 여러 차례 이메일을 확인한다고 답했다.

초기 연구들 역시 우리의 최근 조사를 뒷받침해준다. 연구에 따르면 일반 샐러리맨이나 사무직 노동자들은 하루에 111통에서 131통 사이의 이메일을 받으며, 받은 이메일을 회신하는 데에 2시간에서 2.5시간을 보낸다고 했다. 이처럼 초기 연구들은 사람들이 업무 관련 이메일을 확인하기 위해 개인시간 동안 계정에 접속하는 시간을 보고했다. 일부 연구들은 자기 보고를 바탕으로 이뤄졌으며, 일부는 물리적 센서, 타임 로그, 이메일 트래픽 보고 등을 기반으로 했다.

1990년대로 거슬러 올라가면 일부 전문가들이 커뮤니케이션 기술은 잠재적으로 우리의 생산성을 20%에서 25%가량 향상해줄 것으로 예측했다. 그러나 맥킨지글로벌연구소McKinsey Global Institute의 연구에 따르면 실제로는 이 기술로 우리의 생산성이 28% 감소했다. 방해를 받거나 주의가 산만해지거나 혼란에 빠지거나 답변을 하기 위한 정보를 찾지 못해서 등의 여러 이유 때문이었다.

조직에서 발생하는 비용을 계산하기 위해 구체적으로 화이트칼라 노동자의 연봉 7만 5천 달러(8,901만 7,500원 - 2020.2.7. 기준)를 예로 들어보자.

연봉 가운데 얼마만큼을 이메일에 '소비'하는지 알아내고 싶다면 다음 공식에 여러분의 연봉을 대입해보자. 이메일에 길들여지고 방해받지 않는 업무시간을 확보하는 방법을 배웠을 때의 결과를 보는 것이다. 우리 자신과 우리의 업무적 성공, 그리고 우리의 개인적인 삶에 있어서도 마찬가지다.

시간과 돈을 아끼는 것 외에도 이 책을 구성하는 7개의 장을 통해 우리는 다음을 배우게 된다.

화이트칼라 노동자의 연봉 7만 5천 달러

1. 복리후생을 계산하기 위해 기본연봉에 1.4를 곱한다.

$ 75,000 (직원 연봉)

×   1.4 (연봉 + 복리후생)

――――――――――――――――――――――――――――――――

$ 105,000 (직원의 연봉 및 복리후생에 대한 연간 총비용)

2. 총 직원 비용과 이메일에 쓴 시간의 비율을 곱한다. 대략적으로 평균 노동자의 시간 중 30%가 이메일에 쓰이게 된다. 2.5시간 / 일 × 5일 / 주 = 주 40시간 중 12.5시간이기 때문이다.

$ 150,000 (연간 직원 비용)

×   0.30 (이메일에 쓰이는 시간의 비율)

――――――――――――――――――――――――――――――――

$ 31,500

(매일 2.5시간 동안 이메일을 사용하는 데에 드는 총비용 – 직원이 1명일 때)

$ 315,000

(매일 2.5시간 동안 이메일을 사용하는 데에 드는 총비용 – 직원이 10명일 때)

$ 3,150,000

(매일 2.5시간 동안 이메일을 사용하는 데에 드는 총비용 – 직원이 100명일 때)

- 이메일 잡동사니를 인식하고 난잡하게 쌓이는 일을 중단시키는 법
- 더 나은 이메일을 신속히 작성하는 법
- 이메일 내용 분량을 줄여서 여러분의 메시지를 효과적으로 만드
  는 법
- 필요한 문서와 이메일을 신속하게 찾아서 보낼 수 있도록 파일을
  정리하는 법
- 보안위험과 법적 책임을 피하는 법
- 고객과 동료들에게 이메일을 보낼 때 전문가적인 이미지를 선보
  이는 법

오늘날 대부분의 실질적인 교신은 이메일을 통해 이뤄진다. 본질
적으로 여러분이 어떻게 이메일을 처리하는지가 경력의 궤적을 좌
우하게 된다. 이메일을 더욱 신속하게, 더 적게, 더 잘 쓸 수 있다면
여러분은 명쾌한 커뮤니케이터로 자리매김할 수 있을 것이다. 그리
고 명쾌한 커뮤니케이터는 모든 산업에서 유능한 리더가 된다.

받은 메일함을 빨리 훑고, 소수의 중요한 이메일에 집중하고, 커
리어의 성공을 이끌어 낼 더 나은 이메일을 쓰기 위한 7가지 핵심
방안을 여기 담았으니 이 책을 통해 올바른 이메일 사용법을 숙달
하자.

다이애나 부허 Dianna Booher

여러분이 이메일을 어떻게 처리하는지가 커리어의 궤적을 좌우하게 된다. 이메일을 마스터하자. 이메일을 더욱 신속하게, 더 적게, 더 잘 쓸 수 있다면 여러분은 명쾌한 커뮤니케이터로 자리매김할 수 있을 것이다.

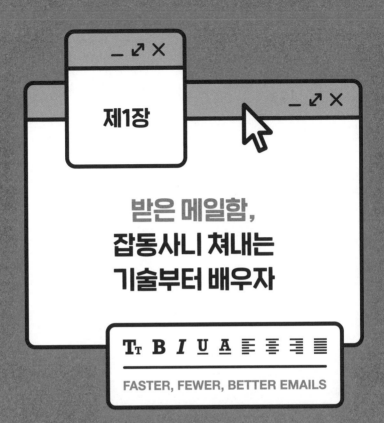

제1장

받은 메일함,
잡동사니 쳐내는
기술부터 배우자

Tr **B** *I* U A 틀 틀 틀 틀

FASTER, FEWER, BETTER EMAILS

이메일은 익숙해요. 편하죠. 사용하기도 쉬워요. 하지만 오늘날 사무실에서는 그 저 시간과 생산성을 잡아먹는 가장 주요한 원인일지도 모릅니다.

– 라이언 홈즈Ryan Holmes, 훗스위트Hootsuite(SNS 플랫폼관리기업) CEO이자 창업자

이메일은 다른 사람들의 우선순위에 우리가 주의를 기울이게 만드는 체계다. 그 러한 우선순위를 언제 우리의 세계로 끌어들일지 결정하는 것은 우리 자신에게 달렸다. 그 반대가 아니다.

– 크리스 브로건Chris Brogan, 작가, 마케팅 컨설턴트이자 SNS 전문가

예전에 다른 누군가가 사용했던 창고로 소지품을 옮기려 해본 적 있던 사람이라면 다음과 같은 원칙을 이해할 것이다. 우리가 그 공간을 다시 채워 넣기 전에 다른 누군가의 목적에 맞게 쓰였던 모든 물건을 치워 버려야 한다는 것이다. 보통은 옛 주인의 잡동 사니를 이렇게 구분한다. 쓰레기통에 버리든지, 기부하든지, 팔아 치우든지.

이와 마찬가지로 여러분의 메일함을 한 번 들여다보자. 몇 년에 걸쳐 온갖 사람들이 보낸 쓸모없는 정크메일junk mail(광고성 스팸 메

일)이 그냥 쌓여 있을 수 있다. 또는 오랜 세월 동안 맡은 업무가 바뀌어 가면서 여러분에게 필요한 것들 역시 변해갔을 수도 있다. 그러니 이메일 잡동사니를 쳐내는 것은 헛되이 보낸 시간을 큼지막이 도려낼 수 있는 가장 쉬운 방법이 될 수 있을 것이다.

앞서 언급한 노던콜로라도대학교 설문조사에서 응답자의 무려 69%가 이메일과 관련한 가장 심각한 문제로 '쓸모없는 이메일'을 꼽았다. 좀 더 구체적으로 34%의 응답자는 '용량이 큰 이메일'이 가장 거슬린다고 밝혔다. 다른 문제로는 '관련 없는 이메일'과 '중복된 이메일'이 있었다.

일단 우리가 우리만의 시간을 확보하기로 마음먹었다면 잡동사니 치우기는 신속하게 이뤄진다. 1장에서 소개하는 12가지 기본원칙을 숙지하면 도움이 될 것이다.

첫 번째 원칙:
다른 소프트웨어가 더 적절하게 처리할 수 있는 업무에 이메일을 사용하지 말자

이메일이 처음 도입됐을 때 우리는 모든 일을 처리하기 위한 도구로 이메일을 선택하곤 했다. 회의일정 및 약속시간 잡을 때, 프로젝트 협업할 때, 서류 초안 검토할 때 등에서 말이다. 그러나 오늘날에는 그 외 다른 소프트웨어가 이러한 업무들을 더욱 생산적으로 처리해줄 수 있다.

예를 들어 약속시간을 잡기 위한 과정에서 이메일을 사용한다고 해보자. 그러면 우리는 이메일을 다섯 차례 주고받는 비생산적인 방법을 거쳐야 한다.

존에게

이 이야기를 더 자세히 나누고 싶어요. 앞으로 2주 안에 통화 한 번

할 수 있을까요?

마리아

마리아에게

좋은 생각이에요. 저는 수요일과 목요일이 휴가지만 금요일에는 출

근할 거예요. 그때쯤 연락할까요?

존

존에게

금요일에는 언제쯤이 괜찮나요? 저는 오전 9시부터 11시 사이, 아

니면 오후 3시부터 5시 사이에 통화가 가능합니다.

마리아

마리아에게

저는 아침에는 병원에 가봐야 해서 3시에 통화하도록 하죠. 제가 어느 번호로 전화를 하면 될까요?

존

존에게

555-9002요. 고마워요. 곧 얘기 나눠요.

마리아

이와는 대조적으로, 두 가지 행동을 취하게 되는 일정관리 소프트웨어를 사용할 수도 있다. 약속을 잡고자 하는 사람이 희망시간을 설정해서 일정약속 요청을 보낸다. 그러면 수신자는 이를 확정 짓든지 아니면 자기에게 가능한 시간으로 수정해서 응하면 된다. 또는 양 측의 일정표에서 빈 시간을 찾아 보내면서 일정을 잡을 수도 있다.

팀 프로젝트 업무를 할 때에는 동료들과 협업하기 위해서 당연히 계획을 수립하고 의견을 덧붙이고 피드백과 정보를 주고받아야 한다. 국제 연합 헌장UNC 설문조사에 따르면 무려 62%의 응답자가 여전히 프로젝트에서 동료들과 협업할 때 이메일을 사용하는 시간이 절반 이상이라고 답했다.

그러나 이러한 주고받는 과정이 수반되는 업무나 피드백, 시간표 등에서 이메일보다 프로젝트 관리 소프트웨어를 사용할 때 더 쉽게 처리할 수 있는 것들이 있다. 마이크로소프트 프로젝트Microsoft Project, 베이스캠프Basecamp, 아사나Asana, 워크존Workzone, 스마트시트Smartsheet 등이다. 이러한 소프트웨어들을 통해 프로젝트 업무, 관련 피드백, 업데이트 내용, 이미지 등은 관련자들이 모두 접근하고 편집할 수 있는 '러닝 로그Running Log'에 추가되며, 관련 아이템과 의견들을 한 자리에 계속 모아 놓을 수 있다.

부적절한 도구는 우리의 발전과정을 난장판으로 만들고 그 속도를 늦출 수 있다.

두 번째 원칙:
받은 메일함을 창고로 쓰지 말자

어떤 조치를 요하는 이메일이 받은 메일함으로 들어왔을 때, 무슨 일을 해야 하는지 상기시키기 위해 이를 그대로 남겨두는 사람들이 간혹 있다. 즉, 나중을 위해서 말이다.

여기에 더 좋은 방안이 있다. 마이크로소프트 아웃룩 이메일을 사용하는 사람이라면 그 이메일을 후속 작업에 적합한 날짜에 해당하는 작업 창으로 끌어다 놓으면 된다. 또는 자신의 업무에 아이템을 추가하기 위해서 아웃룩의 여러 단축키를 사용할 수도 있다. 다른 종류의 이메일 시스템을 사용하고 있는 사람이라면 언제 무슨 일을 할 것인지 손수 일정에 기록하도록 하자. 종이 달력 위에 메모를 남기는 것도 좋다. 그 후 적절한 연락처나 프로젝트와 함께 이메일을 따로 정리하여 보관하면 된다.

그 외에 저장된 잡동사니 이메일은 우유부단함이 초래한 결과다. 중요한 이메일들이 도착하면 우리는 여기에 관심을 기울이면서도 당황스러워한다. 어디에 보관하는 것이 가장 좋을지 모르기 때문이다. 그 이메일들은 며칠 동안이나 받은 메일함에 남아 있으면서, 우리가 이것들을 어디에 보관할지 결정하는 동안 잡동사니로 쌓여 버린다. 그렇게 되면 우리는 보류 중인 활동이나 세부사항 등을 기억해내기 위해 그 이메일들을 다시 읽으면서 또다시 시간을 낭비하게 된다.

이메일은 딱 한 번만 읽도록 하자. 그리고 읽은 순간 바로 생각하고, 결정하고, 행동하자. 그게 아니라면 지우거나, 답장하거나, 다른 사람들이 처리하도록 포워딩을 해주는 것이 맞다. 또는 나중에 처리할 수 있도록 일정을 정하고 이메일은 따로 정리해서 보관해놓자.

세 번째 원칙:
팀원들에게 '전체 답장'을 하지 말도록 부탁하자

회사 내 전체 답장은 우리의 받은 메일함을 빠른 시간 안에 어지럽힌다. 칭찬받을 만한 사람이 있다면 전체가 아닌 직접 축하의 말을 보내도록 하자. 또는 여러분을 도와준 사람이나 팀에게 직접 감사 인사를 전하자. 초대를 거절할 때는 관련된 사람에게만 그 의사를 밝히자. 뭐 하러 다른 사람들의 메일함을 엉망으로 만들고 이 수신자 모두가 여러분에게 답장을 하게 만드는가?

'전체 답장' 버튼을 클릭할 것인지를 판단하기 위한 좋은 규칙은 다음과 같다. 여러분의 답장이 수신자 목록에 있는 다른 사람들에게 도움이 되는가? 그렇지 않다면 오직 한 명에게만 답장하자. 당연히 문화를 바꾸는 일은 어려울 수 있다. 하지만 선례를 남기도록 해보자.

네 번째 원칙:
의미 없는 답장에 연연하며 쌓아두는 일을 멈추자

여러분은 아마도 어디쯤에서 의미 없는 메시지들을 그만둬야 하는지 궁금해하면서 질질 끄는 습관에 사로잡혀 있을 수도 있다. 다음에서 나오듯 계속 이메일을 주고받으면서 말이다.

> A : 보고서 초안 첨부했어요.
>
> B : 알겠습니다. 감사합니다.
>
> A : 별말씀을요. 끝나면 알려주세요.
>
> B : 그럴게요. 아마 목요일 정도일 것 같아요.
>
> A : 그 정도면 괜찮아요.
>
> B : 더 빨리 드릴 수도 있고요.
>
> A : 좋아요. 괜찮아요.

그 정도면 됐다고! 그만하라고! 그렇다, 이 이메일들은 짧다. 그래서 쓰거나 읽는 데 그다지 많은 시간이 걸리지 않는다는 것은 인정한다. 하지만 문제는 그게 아니다. 이런 이메일들은 난장을 피운다. 집중력을 흩뜨려놓고 좀 더 중요한 생각과 행동으로부터 주의를 빼앗는다.

또 다른 잡동사니의 사례가 있다. 바로 '이메일 퇴적'이다. 프란체스카는 팀원들에게 분기 요약보고서를 발송했다. 그 보고서를 단계에 따라 임원층에 보내기 전에 검토해볼 수 있는 기회를 주기 위해서였다. 17통의 답장이 받은 메일함에서 넘실거렸다. "좋아 보여요." "잘 쓰셨네요." "완벽해요." "감사합니다." "훌륭한 요약이에요." "잘 마무리하셨어요." "덧붙일 것도 없어요." "다 아우르셨군요!"

빈스는 아파서 결근하겠다는 이메일을 직장에 보냈다. 그 후 두 시간 동안 5통의 이메일이 받은 메일함에 쏟아졌다. "아프다니 안타까워요." "빨리 나으세요." "내가 대신 처리할게, 걱정 마." "독감이 아니면 좋겠네요. 마실 거 많이 챙겨 마셔요. 그리고 골치 아픈 일들은 좀 내려놓으세요." "우리한테 안 옮기게 집에서 쉬어준다면 고맙지."

이런 이메일들이 받은 메일함에 우수수 들어오면 산만해지고, 산만해지고, 또 산만해진다. 물론 그러한 이메일들은 동지애를 돈독하게 해줄 수도 있다. 하지만 바쁜 날에는 여러분을 성가시게 만들고 괴롭힐 수 있다.

다른 사람들이 이메일 쌓아두는 습관을 가지지 않도록 도와주자. 수신자가 이메일을 보낼 때 "금요일에 임원진에게 보고하기 전에 검토하실 수 있도록 분기 보고서를 첨부해서 보내드립니다. 첨가하거나 수정할 부분이 있다면 제게 바로 답장을 해주세요. 그런 경우가 아니라면 답장을 보내실 필요 없습니다"라고 쓰는 것이다.

다섯 번째 원칙:
이메일 수신 확인을 해주고 여러분의 계획에 따라 대응하자

누군가가 여러분에게 행동이나 정보를 요청했지만 즉시 실행하거나 그 정보를 제공할 수 없는 경우, 이메일을 수신했음을 알려주고 여러분이 언제쯤 온전하게 대응할 수 있는지 상대방에게 알려주도록 하자.

그렇지 않으면 이메일을 보낸 사람은 여러분이 이메일을 받았는지 계속 궁금해하다가 이메일을 재발송 할 가능성이 높다. 더욱 안 좋은 상황은, 여러분은 아무런 리마인더도 받지 못했는데 사람들은 여러분이 이미 부탁 받은 행동을 취했다고 추측하는 것이다. 그렇게 되면 훗날 양측 모두는 황당한 일을 겪게 된다.

오늘날 기술이 일궈낸 기적 속에서도 이메일은 여전히 예정된 수신자에게 도달하기 전에 갈피를 잃는다. 스팸메일 폴더나 쓰레기통, 아니면 아무도 모르는 미지의 세계로 이끌려가는 것이다. "잘 받았습니다. 9월 20일에 정확한 수치가 나오면 보내겠습니다"라는 신속한 확인은 수신자의 마음을 편안하게 해주고 이들이 계획을 세울 수 있도록 해주면서 리마인더를 보내는 후속 조치를 막아주는 역할을 하게 된다.

물론 '수신 확인 부탁드립니다'라고 쓴 이메일을 보낼 수도 있지만 나는 이를 추천하지 않는다. 이러한 전략에 불쾌해하는 사람들이 많기 때문이다. 여러분이 교묘한 방식으로 '나는 당신을 믿지 않으니 내 쪽에서 알아서 할게'라고 전한다고 생각하는 것이다.

여기에 덧붙여 상당수의 비서들은 상사의 이름으로 이메일을 보내고 받는다. 이들은 상사가 이메일을 보기 전에 삭제할 권한도 가지고 있다. 이런 상황이므로 여러분이 중요한 이메일을 직접 보지 못한 채 지시를 내리거나 결정을 내릴 수도 있다는 두려움을 가지는 것도 이해가 간다.

수신 확인을 해준다는 것은 다량의 리마인더를 줄여준다. "받았어요. 곧 답장할게요"라는 간단한 답장은 이메일을 보낸 사람이 '이메일이 도착했을까? 이 프로젝트가 끝나기 전에 그 정보를 줄 수 있나? 의뢰를 들어줄 의향이 있나?'라고 계속 궁금해하지 않도록 해준다.

보통의 수신자들에게 왜 답변이나 정보를 제때 주지 않는지 물어보면, 다음과 같은 이유로 대응이 늦어졌다고 답한다.

"시간, 일자까지 필요한지 몰랐어요."

"급한 일인 줄 몰랐어요."

"다른 일 먼저 하느라 바빴어요. 그 후 며칠 내로 처리하려고 계획하고 있었죠."

"당신이 원하는 게 뭔지 파악하고 있었어요."

이메일을 쓰는 사람으로서 받은 메일함을 리마인더와 후속 이메일로 가득 채우고 초안을 쓰느라 시간을 낭비하는 대신 처음부터 그러한 이유들을 제거해보는 것은 어떨까?

– 응답에 대한 마감일이 정해져있다면 이를 구체적이고 명료하게 써놓자.

– 날짜를 굵은 글씨체나 대문자로 쓴 후 별도의 문단에 넣음으로써 주의를 끌 수 있도록 하자. 필요한 경우 제목에 마감 일자를 덧붙이자.

– 요청사항을 이메일 마지막에 묻어두는 대신 앞쪽으로 끌어오자.

– 긴급하게 특정일자까지 회신을 받아야 하는 경우, 이를 언급하고 수신자에게 미치는 혜택이나 결과의 관점에서 그 이유를 설명하자. ex) "10월 2일까지 회신해주시면 5일 이내에 보상을 받게 됩니다. 해당일자까지 정보를 제출하지 않으시면 보상이 60일까지 지연될 수 있습니다.

– 필요한 대응에 대해 가능한 한 단순하게 설명하자. 수신자가 정보를 제공하는 데에 도움이 될 템플릿이나 형식, 견본, 또는 기타 자료를 보내주자.

– 직통 전화번호와 이메일 주소, 또는 여러분이 원하는 것을 받기 위해 더 많은 정보나 도움을 제공하는 곳의 링크를 이메일에 포함시키자.

– 명료한 답을 원한다면 구체적으로 질문을 던지자. 애매하게 질문을 늘어놓다가는 어물어물하고 두서없거나 뭔가가 완전히 간과된 답을 듣기 마련이다.

로버트에게

고객 설문조사를 하는 것에 대해 어떻게 생각해요? 다른 회사들은 그냥 마케팅 목적으로 조사를 해요. 예를 들어 고객들에게 새로운 서비스 제안에 대해 알려주기 위해 하는 거죠. 어떤 회사들은 고객들의 욕구나 만족도를 알아보려고 조사를 하고요. 모든 걸 조사할까요? 아님 일부? 당신 생각은?

미카엘라

우리가 구체적인 질문목록을 제공한다면 훨씬 더 나은 답장을 받을 수 있다.

로버트에게

우리는 현재의 만족도를 조사하기 위해 고객 설문조사를 할까 생각하고 있어요. 하지만 물론 그런 설문조사를 실시하는 데에는 다른 이유들도 있어요. 예를 들어 서비스를 소개하거나 고객들에게 우리가 제공하고 있는 서비스들을 상기시켜주는 거예요. 설문조사에 대해 어떻게 생각하는지 알려주겠어요?
우리 설문조사의 주요목표가 무엇이 되어야 한다고 생각하세요?

고객 전체를 대상으로 해야 할까요 아니면 대표로 소수를 선정할까요? 사내에서 당신 팀이 이 일을 맡아줄 수 있나요, 아니면 계약 업체를 통해서 해야 할까요?

미카엘라

앞서 설명한 사람들이 리마인더와 후속조치를 필요로 하게 되는 원인들을 제거한다고 해서 항상 모든 사람에게 성과를 거둔다는 보장은 없다. 그러나 원인의 가짓수를 처리할 만한 크기로 조금씩 줄여줄 수 있다.

여섯 번째 원칙:
배포 목록을 추려내자

필요하지 않은 이메일들로부터 여러분의 이메일 주소는 계속 복사되고 있을 가능성이 매우 높다. 주기적으로 오는 이러한 이메일에 답장을 써서 배포 목록에서 영구히 지워달라고 요청하는 것보다 자신이 영구삭제로 지워버리는 게 더 쉽고 빠른 일임을 깨달았을 것이다.

실제 UNC 조사에 따르면 지식노동자들이 수신하는 35%의 이메일 가운데 무려 22%가 상관이 없다, 13%가 불필요하다고 대답했다. 상관없는 이메일이란 수신자에게 해당하지 않는 주제를 담은 이메일을 의미한다. 불필요한 이메일이란 여러 사람이 보내는 동일한 정보를 담은 이메일을 의미한다.

이 '쉽고 빠른' 결정은 여러분이 딱 하나의 이메일만 처리한다면 할 만하다. 그러나 시간이 흐를수록 그 결정은 수백 가지, 심지어 수천 가지의 업무방해와 삭제로 이어진다. 그러니 장기적인 생산성을 위해 최선의 결정을 내려야만 한다.

놀랍게도 당신이 보내는 이메일의 배포 목록을 추리면 중요한 프로젝트에 대한 이해관계자들의 관여를 강화할 수 있음을 깨닫게 될 수도 있다. 회의에 있어서와 마찬가지로 집단이 커질수록 개별적인 참여도는 낮아진다. 입력을 요하는 이메일을 보낼 때도 동일한 원칙이 적용된다. 대규모 배포 목록을 복사했을 때 사람들은 익명성을 느끼면서 꼭 대답해야 한다는 필요성을 느끼지 않는다. 이들의 정보제공이 필요하다면 목록을 간소화해서 응답을 늘릴 수 있다. 관련 없는 이들의 받은 메일함을 깨끗이 정화해주는 것은 말할 것도 없다.

여러분이 보내는 자료들을 필요로 하지 않는 사람들에게 이메일을 보냈을 때의 또 다른 문제점이 있다. 바로 사람들로 하여금 여러분이 보내는 것들을 무시하고 정말로 필요한 것들을 놓치도록 훈련시킨다는 점이다. 아무 이슈에나 대고 장광설을 늘어놓는 정치인들처럼 일부 이메일 발신자들은 쓸모없는 정보를 보낸다는 평판을 얻게 된다.

일곱 번째 원칙: 홍보 또는 압력의 수단으로 이메일에 참조됐을 때는 답장하지 말자

숨은 의도나 돌려 까기, 발뺌하려는 시도 등 어떻게 부르던지 간에 이러한 전략들을 보았을 때 꿰뚫어볼 수 있어야 한다. 예를 들어 이런 식의 이메일들이다.

- 훌륭한 성과를 거둔 업무에 대해 팀원들을 칭찬하면서 다른 부서장 수십 명을 참조로 넣은 이메일
- 어떤 프로젝트에 대한 임원진의 '지지'에 감사하면서 우연찮게 그 프로젝트의 성공을 가져온 개인적 기여에 관한 고객들의 극찬을 함께 첨부하는 이메일(많은 관심을 유도하는 움직임?)
- 다가오는 프로젝트 마감일에 대해 상기시켜주면서 과거 누군가의 지연 사례에 대한 자세한 내용을 첨부해서 상사와 경영진, 다른 부서장들을 참조로 넣은 이메일(누군가에게 압박을 느끼게 하는?)

여러분이 직접적으로 관여하지 않은 프로젝트나 이슈들에 관한 이메일에 참조됐을 때 여기에 답장을 한다면 발신자는 자기홍보와 동료들에 대한 압박 전술을 계속적으로 펼치게 된다. 만약 이러한 메일에 화가 난다면 이메일을 쓰되 발송하지는 말자. 화를 잠시 가라앉히자고 하룻밤을 지내보는 게 가장 좋지만 단 한 시간이라도 도움이 된다. 최악의 상황이라면 객관적인 입장의 동료에게 부탁해서 여러분이 '보내기' 버튼을 누르기 전에 논란이 될 표현들을 수정해 달라고 하자. 분노의 대상을 직접 소리 내어 불러보는 것은 익명성의 가면을 벗겨버리고 여러분을 문명인의 마음 상태로 되돌려준다.

특히 이러한 전략에는 새로운 마음가짐과 심각한 감정조절이 요구될 수도 있다. 이메일은 생산성 도구이면서 동시에 무기가 될 수는 없다. 누군가에게 동기를 부여하는 반면 다른 누군가는 의기소침하게 만들 수 있다.

여러분 자신이 그러한 이메일을 보내고 싶은 유혹에 시달린 적 있다면 입장을 바꿔 생각하고 그만두도록 하자.

여덟 번째 원칙:
사람들이 소개를 한 후 뒤로 빠질 수 있게 해주자

누군가가 이메일을 통해 여러분을 어떤 동료에게 소개시켜 줬을 때, 그 후 여러분과 그 동료 사이를 수십 번 오가는 이메일의 루프에 그 소개인을 계속 잡아둘 필요는 없다. 그 소개인이 두 동료의 소식을 계속 듣고 싶어 하지 않는 이상 말이다. 또한 여러분이 소개인인 경우에는 두 동료에게 앞으로의 이메일들에 참조되고 싶은지 아니면 그 커뮤니케이션에서 한 발 빠지고 싶은지를 분명히 밝히자.

조시와 리타에게

두 분을 소개시켜 주게 되어서 기쁘네요. 그리고 제가 프로젝트에 대한 자세한 정보들을 이 이메일을 통해 충분히 제공했길 바랍니다. 이 프로젝트를 위해 두 분이 의미 있는 방식으로 협업하실 수 있으리라 생각해요. 그러면 여기서부터는 두 분이 따로 이야기를 나누시면서 잘 풀어나가길 바랍니다.

이러한 방식으로 소개를 받았을 때는 여러분을 소개시켜 준 사람의 이메일을 계속 복사하는 일은 그만두자. 소개인은 여러분의 이메일 목록에서 빠지고 자신이 해야 할 업무들로 돌아가고 싶을 것이다. 여러분이 소개를 '당한' 사람이라면 그 배턴을 넘겨받거나 더 분명한 의사를 밝혀달라고 요청해보자.

멕켄지에게

고마워요, 맥켄지! 조시와 제가 머리를 맞대고 이 마감일에 맞추기
위한 계획을 세울 수 있는지 볼게요. 당신을 이메일 목록에서 제외
하려고 해요. 하지만 언제든지 업데이트를 원한다면 알려주세요.

아홉 번째 원칙:
농담이나 불평, 자선운동, 공지 등을
포워딩하는 일을 그만두자

이러한 이메일들은 답장을 유도하고, 가끔은 여러분이 대답해야만
하는 질문들을 불러일으키기도 한다. 머지않아 여러분은 본격적인
토론에 뛰어들게 될 것이다.

하지만 단 한 번의 이메일 혹은 토론보다 훨씬 더 시간을 잡아먹
게 되는 것은 여러분이 그 이메일을 받아서 읽는 사람들에게 만들
어버린 선례다. 여러분이 그러한 만화나 잡담, 정치논평, 게임, 설
문조사, 징징거리기 등을 받을 만한 여유가 있고 그런 것들을 좋아
한다는 평판을 쌓게 되는 것이다.

'당사자에 의한 공지'는 아마도 가장 많은 주목을 받을 것이다.

새로운 정책, 고려 중인 새로운 공정, 입사 직원, 퇴사, 새로운 제품이나 서비스, 새로운 마케팅 캠페인, 새로운 연구, 금융계 소식 등에서 그렇다. 처음에는 뜬소문이 돈다. 그 후에는 사람들에게 처음으로 소식을 알려주는 사람이 되고 싶은 누군가로부터 이메일 '비공식 루트'를 통해 비공식적인 공지가 나온다. 그러고 나서야 여러분에게 이야기해주는 업무를 맡고 있는 정식 담당자가 공식으로 공지를 한다.

여러분이 비공식적인 루트 상에 속해있다면 그 지점에서 여러분의 이메일을 흐름에 맞춰 내보내는 일은 그만두자. 그리고 공식적인 뉴스는 당사자가 전해주기로 하자.

열 번째 원칙:
더 이상 필요 없는 전자잡지는 구독 해지하자

대부분의 발신자들은 이제 구독 해지를 위한 안전한 방식을 제공하고 있다. FOMOFear of Missing Out(흐름을 놓치거나 소외되는 것에 대한 두려움 - 옮긴이) 때문에 '혹시나 해서' 누군가의 이메일 목록에 계속 매달리지 말자. 휴가 후에, 심지어 긴 주말연휴 후에도 여러분의 주의를 정신 사납게 만들어 끝까지 밀어붙이는 것은 이러한 잉여의 이메일들이다. 이 불필요한 홍보성 이메일들과 뉴스레터들은 여러분의 받은 메일함에 모이는 것들을 2배 또는 3배까지 늘려놓으면서 여러분이 절대로 밀린 이메일을 처리할 수 없을 것처럼 느끼게 만든다.

열한 번째 원칙:
오랜 부재 후에는 어떤 이메일에 답장을 보낼지 다시 분류하자

아마도 여러분은 대개 받은 메일함을 이메일 수신날짜에 맞춰 정렬해 놓았을 것이다. 그러나 며칠간 자리를 비운 후 다시 받은 메일함을 열었다면, 발신자에 따라 이메일을 분류하고 싶을 수도 있다. 이러한 분류는 상사가 보낸 모든 이메일과 동료 직원이 보낸 모든 이메일이 각기 모이도록 한다.

다음은 여러분이 답장하는 속도를 높이는 방법이다. 가끔 사람들은 X라는 주제에 대해 첫 이메일을 보낸다. 그 후 X에 대한 수정사항이 담긴 두 번째 이메일을 보낸다. 그 후 이제는 X에 대한 새로운 디테일이 담긴 세 번째 이메일이 도착한다. 그 후 네 번째 이메일은 X에 관한 질문을 한다. 발신자에 따라 이메일을 분류한다면, 여러분은 메일들을 한꺼번에 읽고 한 번의 답장을 보내면서 네 개의 이메일을 한꺼번에 삭제할 수 있다.

열두 번째 원칙:
이메일 알람을 꺼놓거나 자동복원 기능을 비활성화하자

UNC 설문조사에 의하면 응답자의 55%가 이메일 창을 항상 또는 대부분을 열어 놓는다고 대답했다. 이는 여러분의 주요업무가 이 메일을 읽고 답하는 것이 아닌 이상 업무 집중도를 떨어뜨리는 주 요 원인이 된다.

이 대신 하루에 2번 혹은 3번만 이메일을 처리하도록 하자. 이 상적으로는 아침 일찍, 점심 후, 그리고 일과 마지막인 퇴근 전 에 보는 것이 좋다. 매번 이메일이 보낸 메일함에 들어올 때마 다 답하는 것은 집중을 방해하고 매번 중단하는 데에 시간과 에 너지를 낭비하게 된다. 여러 생산성 연구들에 따르면 멀티태스킹 multitasking(동시에 여러 개의 작업을 수행하는 일)이란 것이 존재하지 않는 다. 그저 재빠른 주의변환이 있을 뿐이며, 그 자체가 스트레스를 만들어내고 실수를 저지를 가능성을 높이며 전반적인 효율성을 떨어뜨리게 된다.

이와 같은 전략들을 적용해 여러분의 받은 메일함을 정리해보 자. 그러고 나서 자유로운 신세계로 나아가는 잡동사니 정리라는 마음가짐을 가지도록 하자.

이쯤에서 여러분은 '하지만 나 말고 다른 사람들은? 나쁜 습관을 가지고 계속 일하는 그 사람들은?' 하고 생각할 수도 있다. 걱정하는 것이 당연하다. 문화와 다른 사람의 습관을 바꾸는 것은 리더십을 필요로 한다. 여러분이 리더라면 이 책에 나오는 전략과 팁들을 공유하고 여러분의 팀원들이 이를 따라야 한다고 요구할 수 있다. 여러분에게 권한이 없다면 이를 추천하고 본보기가 되어 보는 건 어떨까.

어떠한 경우든 시간을 얻고 스트레스를 줄이게 될 것이다.

이메일은 생산성 도구이면서 동시에 무기가 될 수는 없다. 누군가에게 동기를 부여하는 반면 다른 누군가는 의기소침하게 만들 수 있다.

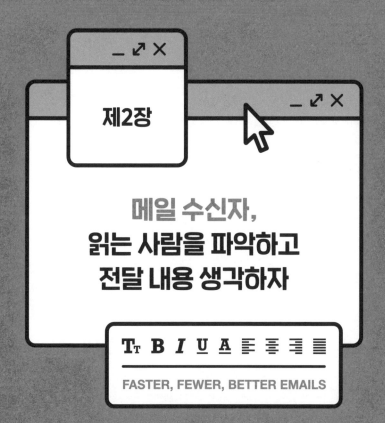

제2장

메일 수신자,
읽는 사람을 파악하고
전달 내용 생각하자

FASTER, FEWER, BETTER EMAILS

'작가가 되고 싶다면 글을 써라.' 이는 성공한 소설가들이 지망생들에게 가끔 하는 조언이다. 바로 이것이 핵심이다. 저작권대리인을 찾느라 겪는 어려움, 조작된 베스트셀러 목록, 대형출판사와 계약을 맺을 수 있는 희박한 가능성, 고독한 소설가의 삶 등에 대해 불평을 늘어놓는 일은 그만두고 그냥 진지하게 일을 시작하라는 것이다. 사람들이 읽고 싶어 하는 걸 써서 만들어 내라고!

책의 저자에게는 참 좋은 조언이다. 하지만 이메일을 쓰려는 사람에게는 나쁜 조언이다.

여러분이 가진 모든 정보와 아이디어를 활자로 담아내기 위해 브레인 덤프Brain dump(머릿속으로 생각하는 모든 것을 종이에 쓰는 것 - 옮긴이)를 하는 것은 생산적인 습관이라 하기 어렵다. 이러한 식으로 이메일 쓰기에 접근한다면 초안에 들어간 거의 모든 문장을 바꿔 써야만 할 것이다. 여러분의 생각들을 가장 논리적인 형식으로 재배열한다 해도 이메일은 적절하게 흘러가지 않을 것이고, 문장들은 여러분이 언급조차 한 적 없는 사람과 장소, 일자, 또는 이유 등을 들먹이고 있을 것이다.

쓰기
전에
생각하라

문장을 쓰기 전에 구조에 대해 생각하자. 화면에 뭔가를 쓰기 위해 대강 브레인 덤프를 하는 것은 시간낭비다. 그와는 대조적으로, 텅 빈 화면에서 시작해 단번에 완벽한 이메일 초안을 쓰는 법을 알아내려는 것은 시간을 낭비하는 두 번째 요인이 된다. 이 극단적인 방식 두 가지는 잊어야 한다.

여러분의 독자, 여러분의 메시지, 그리고 상황을 분석하며, 쓰기 전에 생각하자.

누가 여러분의
이메일을 읽는가?

이메일을 쓰기 시작하기 전에 이를 읽을 사람이나 집단의 구체적인 이름을 마음속에 떠올리자(예를 들어 공급사의 라이언 존슨, 사내 마케팅 팀의 전문가 3명, 여러분의 상사 등).

어떤 상황이나 주제에 대해 이메일을 쓰고 난 뒤, 이메일 받을 사람을 결정하는 순서과정을 바꿔보자. 이 상황에서 누가 이해관계자인지 떠올려보자. 이메일을 읽는 사람이 한 명인가? 프로젝트팀 전체인가? 기업고객 전체인가? 사외로 이메일을 발송하는 경우라면, 여러분의 고객이나 공급사가 조언이나 의사결정, 행동 등을 위해 다른 자문역들에게 이메일을 전달할 가능성이 있는가?

그 청중을 신중하게 가늠해서 실질적으로 이메일 한 통으로 전체 상황을 처음부터 끝까지 처리할 수 있는지 보자. 다시 말하자면, 마지막 실행을 염두에 두고 모든 적절한 정보를 담은 이메일을 보냄으로써 주요 수신자가 실행단계를 담당하는 직원에게 여러분의 이메일을 전달할 수 있도록 할 수 있다는 의미다. 그렇게 되면 여러분은 그 이후에 '상세한 설명을 위한' 이메일을 보낼 필요가 사라지게 된다.

예를 들어 고객인 제레미에게 그의 프로젝트가 완료됐다는 이메일을 보내면서, 여러분의 재무담당자인 릴라가 청구서를 발행해야 함을 알 수 있도록 그녀에게 동일한 이메일을 보낼 수 있겠는가?

이메일을 읽는 사람들의
주요 관심사는 무엇인가?

많은 이메일 작성자들은 '고릿적' 관점을 가지고 이메일을 시작한다. 자기들이 무엇을 달성하고 싶은지, 자기들에게 무엇이 필요한지, 그리고 자기들의 목표를 달성할 수 있도록 수신자가 어떻게 도와줄 수 있는지에 관한 배경지식에서 출발하는 것이다. 이는 잘못된 접근이다!

다음 사례를 살펴보면 뒤떨어진 관점의 예를 보여준다.

To : 댈러스에 있는 우리 동료들

STubject : 안녕하세요!

이번 주말(4월 18일~19일)에 저희 회사와 저는 스템몬스 프리웨이 2200번지에 위치한 댈러스 마켓 홀에서 열리는 '프랜차이즈 및 사업기회 박람회'에 참가하게 됐습니다. 이 행사의 무료입장 혜택을 받고 싶다면 이 이메일에 답장을 보내주세요. 더 자세한 사항은 www.DallasFranchiseExpo.com에 가서 직접 확인하시면 됩니다.

안녕히 계세요.

프랭크 올림

▶ 쓰는 사람의 관점에서 보낸 이메일 – 잘못된 접근이다!

우리는 다른 접근법을 취해보도록 하자. 이 댈러스에 있는 이들이 흥미로워할 핵심메시지는 무엇인가? 아마도 프랭크의 회사가 주말에 무엇을 했는지는 아닐 것이다. 대신 이들은 프랭크의 주말이 자신들에게 어떻게 도움이 될 것인지에 대해, 즉 엑스포 무료입장권이라는 혜택에 훨씬 더 관심을 가질 것이다. 이러한 혜택이 서두에 와야 한다.

To : 댈러스에 있는 우리 동료들

Subject : 안녕하세요!

이번 주말(4월 18일~19일) 스템몬스 프리웨이 2200번지 댈러스 마켓 홀에서 열리는 사업기회 박람회를 무료로 관람하고 싶으신 분은 제가 입장권을 보내드릴 수 있어요. 제게 이메일 보내주세요.

저희 회사와 저는 박람회에 참가할 예정으로 그곳에서 여러분을 뵙고 싶습니다. 더 자세한 사항은 www.DallasFranchiseExpo.com에서 직접 확인하실 수 있습니다.

안녕히 계세요.

프랭크 올림

▶ 읽는 사람의 관점에서 이메일을 쓰자. 이들은 무엇을 알고 싶을까?

이메일 수신자들이 여러분이 말하려고 하는 바에 관심을 가져야 하는 이유는 무엇인가? 무엇을 알아야 하는가? 이들이 내일 또는 다음 달에 업무를 하는 방식과 관련해 여러분의 메시지는 어떤 의미를 가지는가? 이들에게 보내는 메시지를 어떻게 하나 또는 두 개의 문장으로 요약할 수 있는가?

이메일을 읽는 사람들에게 즉각적인 관련성을 보여주도록 하자. 그저 흥미로운 주제를 밝히는 것만으로는 부족하다. 그 주제나 상황과 관련해 메시지를 뽑아내거나 결론을 내리는 일 역시 여러분의 업무에 포함된다.

또한 이메일을 읽는 사람들이 이미 알고 있는 것을 말하려고 하지 말자. 상식처럼 보이지만 이 상식을 실행에 옮기는 사람들은 거의 없다. 이메일을 쓰는 사람들은 요점에 이르기 전에 배경지식을 언급하기 위해 한 단락, 두 단락, 세 단락, 심지어 그 이상의 단락으로 글을 쓴다. 그 결과 이메일을 읽는 사람들은 핵심 메시지에 도달하기도 전에 그만둬버리고 그 이메일이 장황하고 쓸모없거나 짜증난다고까지 생각하게 된다.

이메일을 읽는 사람들이 이미 알고 있는 것들을 언급하는 몇 가지 사례들은 다음과 같다.

모든 이메일 수신자들이 참석했던 회의에서 논의된 자세한 사항들을 반복하는 것이다.

- 고객/공급사가 먼저 제공한 동일한 정보에 대해 '정보를 검증'함
- 단순히 질문에 답하는 것이 아니라 예전에 언급된 질문들을 반복하며 다시 한번 확인함

"지난주 직원회의에서 당신은 제게 내년 봄 TRX 컨퍼런스에 참석할 예정인지 물으셨죠. 저는 이제야 강연자들이 누구인지 찾아봤고 아마도…" 이보다는 이메일을 다음과 같이 시작해보는 것이 낫다. "내년 봄 TRX 컨퍼런스의 강연자가 누구인지 검토해본 결과 저는 참석하지 않을 예정입니다."

수신자들은 여러분의 메시지에
어떻게 반응할 가능성이 높은가?

이메일을 읽는 사람들은 여러분 메시지에 만족스러워할까? 불만족스러울까? 회의적이고 따지고 들려나? 여러분의 추천이나 요청이 그들에게는 우선순위에서 밀릴까? 여러분이 해야만 하는 말을 받아들이기 위해서 누군가는 체면을 구기게 될까? 이메일을 읽는 사람들이 여러분의 말에 반대하면서 그 정보나 자료의 공신력을 깎아내리려 할까?

좋든, 나쁘든, 추하든 간에 이러한 다양한 반응들을 고려해보고 무엇이든 부정적인 반응을 최소화하고 더 나은 성과를 거두기 위해 할 수 있는 일이 있다면 그 계획을 세워보자. 예를 들어 사람들이 이메일을 읽고 여러분이 내린 결론에 회의적이 된다면, 신용도를 높이기 위해 무엇을 덧붙일 수 있을까?

여러분의 새로운 메시지로 인해 이메일의 수신자가 과거에 내린 결정에 대한 체면을 구기게 된다면, 어떻게 메시지를 표현해야 과거에 그 결정이 내려질 당시에는 어리석은 일이 아니었던 것처럼 보일 수 있을까? 이메일을 읽는 사람이 여러분의 요청을 뒤로 미뤄두는 경향이 있다면, 이메일을 어떻게 써야 메시지가 좀 더 다급해 보일까?

여러분의 요청에 대응했을 때의 혜택, 혹은 대응하지 못했을 때의 결과에는 무엇이 있는가? 예를 들어 48시간 내에 답장을 할 때 1주일 이내에 실비를 정산해 수표로 받을 수 있는가? 이메일에 답장을 하지 못했다는 것은 곧 있을 수학여행의 참석자명단에 이름을 올리지 못한다는 의미인가? 그저 단순히 좋은 일이 생기겠거니 기대하지 마라. 최선을 위해 계획해야 한다.

보통의 이메일은 다음과 비슷한 문장으로 시작한다. "안녕하세요, 카를로스. 잘 지내시죠." 이는 "올리비아, 3월 16일에 당신이 보낸 편지를 잘 받았어요. 저에게 다음과 같이 여러 질문을 하셨더군요."와 같은 과거의 인사말을 대체하는 최신식 클리셰cliche(진부한 표정이나 문구)가 된다. 그리고 이 인사말 클리셰는 다음의 말을 대체했다. "브래들리에게. 이 편지는 당신이 3월 16일에 보낸 편지를 잘받았다는 수신 확인이에요. 그 편지에는 다음과 같이 여러 질문이담겨져 있더군요."

친근하고 덜 딱딱한 스타일은 잘 먹힌다. 하지만 축어적이고 자주 반복되는 말들은 이메일을 읽는 사람이 핵심에 다가서는 과정에 그저 서있는 클리셰가 되어 버린다. 물론 한 문장짜리 인사말 클리셰는 건너뛰어야 할 만큼 지나치게 성가시지는 않다. 그러나 더 길고 주제에서 벗어나는 인사말은 읽는 사람으로 하여금 여러분의 메시지마저 함께 놓치게 만든다. 어쨌든 간단하게 생긴 이메일 창은 제한된 공간을 제공해서 읽는 사람들이 "당장 읽자" 또는 "나중에 읽자"라는 결정을 내리게 만든다.

수신자가 여러분이 보낸 메시지를 확실히 읽게 하고 싶다면, 메시지를 MADE 포맷™에 따라 구성하자. 그리고 나서 관계를 돈독히 만들기 위한 친밀감이 담긴 문장을 한두 개 덧붙이고 싶다면, 이를 마무리 부분에 붙여 넣으면 된다.

이메일을 위한
MADE 포맷™

이메일을 구성하는 MADE 포맷™은 읽는 사람들이 신속하게 내용을 파악하도록 도와주는, 이해하기 쉬운 구조를 제공한다.

우리는 메시지를 담아 이메일을 보내야 한다는 사실을 꼭 기억하자. 그냥 이야깃거리나 주제만 보내서는 안 된다. 어떤 주제나 상황에 관한 결론이나 관점을 제시하도록 하자. 어떻게 이메일을 시작해야 할지 애쓰며 텅 빈 화면을 노려보게 되는 문제를 해결할 뿐 아니라, 이 두 경우를 구분 지을 수 있는 좋은 요령이 하나 있다.

다음과 같은 머리말을 이메일을 순조롭게 이끌어 내기 위한 마중물로 활용해보자. "___에 대해 말씀드리려고 이메일을 씁니다." 그러고 나서 의견 전달을 하면 된다. 의견 전달이 끝나면 다시 처음으로 돌아가 "___에 대해 말씀드리려고 이메일을 씁니다."라는 문장을 삭제하자. 남아 있는 부분이 바로 이메일을 여는 요약 메시

이메일을 구성하는 MADE 포맷™

M = 메시지 Message: 메시지를 하나 또는 두 개의 문장으로 요약한다.

A = 행동 Action: 메시지를 바탕으로 권고사항을 전달한다. 또는 메시지를 바탕으로 이메일 수신자가 취해야 할 후속행동, 또는 여러분이 계획하고 있는 향후 행동 등을 언급한다.

D = 디테일 Detail: 필요한 만큼 디테일에 관해 상세히 설명한다. 즉, 언제? 어디서? 누가? 어떻게? 왜? 어느 정도? 등에 관한 것들로 예를 들어 다음과 같다. 왜 행동을 취해야 하는가? 어떻게 행동해야 하는가? 시험이 언제 완료되는가? 어느 부분에 변화가 생겼는가? 비용은 얼마나 되는가? 얼마나 많은 인원/부서가 영향을 받는가?

(일부 디테일들은 하나의 단어나 구절로 대답이 가능하다. 이 경우 그 디테일들은 메시지나 행동지시 안에 포함될 수도 있다. 그러나 상술이 필요한 디테일이라면 이 위치에 풀어놓으면 된다.)

E = 증거 Evidence: 메시지나 행동을 분명하고 쉽게, 또는 더 설득력 있게 만들어줄 부가적인 첨부 자료에 대해 간단히 거론한다. 예를 들어, 비용분석, 계약서, 지도, 형식, 도표, 체크리스트, 청구서, 애플리케이션, 조직도 등이다.

▶ 이메일을 읽는 사람들이 여러분의 요점과 핵심 디테일을 재빨리 알아채는 것에 도움이 되는 이해하기 쉬운 구조

지가 되는 것이다.

이러한 길잡이가 효과가 없다면 여러분이 진정한 메시지를 가지고 있지 않음을 깨닫게 될 것이다. 그 대신 여러분에게는 주제만 있는 것이다. 다음처럼 진정한 요약 메세지 남기는 방법을 배워보자.

"이번 분기 불안정한 주식시장에 대해 말씀드리려고 이메일을 씁니다."

메시지가 아니고 주제일 뿐이다. 이번 분기 불안정한 주식시장이 뭐 어떻다고?

→ "이번 분기 불안정한 주식시장이 우리가 IPO를 하려는 결정을 단기적으로 위험하게 만든다고 말씀드리려고 이메일을 씁니다."

"고객만족도 점수 향상에 대해 말씀드리려고 이메일을 씁니다."

메시지가 아니고 주제일 뿐이다. 고객만족도 점수 향상이 어떻다는 거지?

→ "새로운 반품정책 덕에 지난 9개월간 고객만족도 점수가 37% 향상됐다는 것에 대해 말씀드리려고 이메일을 씁니다."

청중을 분석하고, 스스로의 메시지를 이해하고, 구체적인 행동을 염두에 뒀다면, 이제 이러한 이메일을 쓰거나 답장할 준비가 된 셈이다. 까다로운 부분, 그러니까 생각하기 부분은 이제 마무리됐다.

이 포맷에서 생각하기를 연습하려면 다음 사례들의 '전前'과 '후後'를 검토하고 비교해보자. '이 구조에서 예외나 변형은 없을까?'라는 생각이 들 수도 있다.

다음의 세 가지 경우를 보자.

전달: 전달된 이메일의 첨부자료는 그 자체로 메시지가 된다. 전달은 기본적으로 "당신에게 뭔가를 보냅니다. 이게 바로 그거예요"라고 말하는 것이다. 이는 누가 언제 무엇을 보냈는지 알려주는 플레이스홀더Place-holder(빠져 있는 다른 것을 대신하는 텍스트의 일부 – 사전설명)로 쓰인다. 일반적으로 이메일을 전달할 때 첨부자료를 문장 하나나 둘 정도로 요약해야 한다. 예를 들어 이런 식이다. "프로젝트의 하청업자에 대한 선택권을 제한하는 조항이 포함된 예전의 월튼 계약서를 포워딩합니다."

지시: 지시를 통해 행동은 메시지가 된다. '이 행동 해라' 또는 '하지 마라'는 것이다.

나쁜 소식: 경우에 따라서는 나쁜 소식을 전하는 메시지도 MADE 포맷™을 따라야만 한다. 하지만 여러분이 조직의 외부로 보내는 이

메일을 쓰면서 그 글을 읽는 사람들과 완전히 다른 목적을 가진 경우에, 아마도 이 구조를 뒤바꿔서 나쁜 소식을 완곡하게 전하고 싶을 수도 있다. 이럴 때는 중립적이거나 긍정적인 문장으로 시작해보자. 상황이나 기준, 또는 논법을 설명하고 나서 나쁜 소식을 언급하는 것이다. 나쁜 소식을 전한 후 가능하다면 그 사람의 목표를 충족하기 위한 대안을 제안하자. 마지막으로 미래에 관해 선의를 담은 문장으로 관계를 다시 구축하도록 하자.

요점과 행동이 묻혀 있는
'전前' 이메일 ①

To : 대런

Subject :

최근에 필보로의 후원으로 아쿠아리움에서 열린 우리 엔지니어링 그룹 행사는 엄청난 성공을 거뒀습니다. 우리는 예전에 우리가 후원했던 CRTSA 행사들을 기반으로 참석자 수(225~250명)를 잡은건데 지나치게 현실적으로 추정했던 거더군요. 우리 엔지니어링 그룹은 아쿠아리움의 볼거리에 큰 흥미를 느꼈고, 따라서 475명 이상이 참석하게 됐지요.

좋았어! 우리 서비스에 만족했군.

예상치 못하게 참석자가 몰린 탓에 음식이 충분치 못했던 점은 이해합니다. 그 점과 관련해 당신과 직원들은 아주 친절하게 처리를 해주었어요.

괜찮아. 음식은 문제가 아니었군.

하지만 우리는 다른 문제로 아주 크게 실망했습니다. 처음에 이 행사가 아쿠아리움에서 열리기로 협의했을 때 우리 조직과 참석자들만 이곳을 독점적으로 사용하도록 되어 있었어요. 말할 것도 없이 당신은 그 협의사항에 따르지 않았고요. 대신 귀사는 우리가 오락시간을 가지려고 계획했던 장소에서 다른 행사를 열었더군요.

불만이 남아 있었네.

당신은 당신 직원들이 스트레스를 받았다고 말했죠. 하지만 저는 이 행사가 우리 엔지니어링 그룹과 임원진들에게 아주 중요한 행사임을 알려주고 싶네요. 당신이 아쿠아리움 내의 동일한 장소에서 다른 고객들을 위한 행사를 계획하는 바람에 저는 아주 곤란한 상황에 놓이게 됐어요. 우리가 원래 협의한 내용의 일부였던 공간을 우리에게서 빼앗아갔죠.

아주 불만이 많잖아!

제가 보기에 우리 대리인인 티나 기븐스가 귀사에 타당하고 관대한 제안서를 발송했습니다. 당신이나 저나 이 일이 프로답고 신속하게 해결되길 바라고 있어요. 그러니 당신이 청구한 숫자를 다시 한번 검토해보시고 우리 측 입장을 고려해보시기 바랍니다. 그렇게 해서 이번 행사에 대해 우리가 제안하는 선에서 결제금액을 마무리 짓고 싶습니다.

이게 바로 요점이었어!

감사합니다.
피에르 구스타브슨

▶ 요점을 이메일 마지막에 묻어두지 말 것.

MADE 포맷™으로 구성된
'후後' 이메일 ①

To : 대런
_____

Subject :
_____

우리는 10월 5일 아쿠아리움에서 필보로의 후원으로 열린, 우리 엔

지니어링 그룹과 임원진을 위한 행사와 관련해 귀사와 맺었던 공개

계약 문제를 해결하고 싶습니다.

처음에 아쿠아리움에서 이 행사를 여는 것으로 협의했을 때 우리 조

직과 참석자들만 이곳을 독점적으로 사용하기로 되어 있었어요. 말

할 것도 없이 당신은 그 협의사항에 따르지 않았고요. 대신 귀사는

우리가 오락시간을 가지려고 계획했던 장소에서 다른 행사를 열었

더군요.

메시지

제가 보기에 우리 대리인인 티나 기븐스는 타당하고 관대한 제안서를

귀사에 발송했습니다. 그러니 당신이 청구한 숫자를 다시 한번 검토

해보시고 우리 측 입장을 고려해보시기 바랍니다. 그렇게 해서 이번

행사에 대해 우리가 제안하는 선에서 결제를 마무리 짓고 싶습니다.

행동

이는 우리 엔지니어링 그룹과 임원진들을 위해 매해 열리는 중요한 행사입니다. 당신이 아쿠아리움 내의 동일한 장소에서 다른 고객들을 위한 행사를 계획하는 바람에 저는 아주 곤란한 상황에 놓이게 됐어요. 우리가 원래 협의한 내용의 일부였던 공간을 우리에게서 빼앗아갔죠.

디테일: 누구 & 왜

예전에 우리가 후원했던 CRTSA 행사들을 기반으로 추정한 참석자 수(225~250명)는 지나치게 현실적이었어요. 아쿠아리움의 볼거리에 우리 엔지니어링 그룹은 큰 흥미를 느꼈고, 따라서 475명 이상이 참석하게 됐지요. 예상치 못하게 참석자가 몰린 탓에 음식이 충분치 못했던 점은 이해합니다. 그 점과 관련해 당신과 직원들은 아주 친절하게 처리를 해주었어요. 하지만 우리 공간을 별도로 다른 그룹이 쓰도록 계획을 잡았다는 것은 완전히 다른 문제예요. 우리 계약에서 철저히 금지된 사항이죠.

디테일: 어느 정도 & 왜

우리 측 제안금액을 다시 첨부합니다. 이 문제를 프로답고 신속하게

처리해 볼까요? 티나 기브스에게 연락 부탁합니다.

첨부파일 & 어떻게

감사합니다.

피에르 구스타브슨

▶ 이메일 초반부터 여러분의 메시지를 명료하게 밝힐 것.

요점과 행동이 묻혀 있는
'전前' 이메일 ②

To : 안녕하세요, 키어스틴

Subject :

당신의 링크드인 1촌이자 조지 금융 프랜차이즈 및 캐토피아의 회

장인 제임스 조지가 제게 당신과 몇 가지 사실을 공유하라고 제의해

왔습니다.

무엇에 관해서요?

제임스의 간접적인 캐토피아 투자가 주력이 되면서 결국 제임스는 창업자뿐 아니라 가맹점주이자 부문개발자가 됐어요. 우리는 그가 이끌었던 포레스트리 재무 부동산의 개발과 영업이 그랬듯 이 사업 역시 동일한 타이밍에서 폭발적인 성장 가능성을 가지고 있다고 이야기를 나눴습니다.

왜 이 이야기를 하시는 거예요?

이 산업은 급속도로 발전하고 있고, 부동산 부문의 인기도 치솟고 있어요. 그리고 우리는 금융 프랜차이즈의 '여지'가 이러한 분야들의 리더가 된다고 보고 있어요. 왜 이러한 투자에 관심을 가져야 하는지 알고 싶다면, 제가 몇 가지 산업의 하이라이트를 간추려놨어요. 백서를 살펴보시려면 여기 링크를 클릭하세요.

좋으시겠어요. 왜 저한테 말씀하시는 거죠?

당신이 기업가라는 이야기를 알고 있기 때문에 저는 대화를 통해 당신이 캐토피아 가맹주로서 복합투자에 관심이 있는지 살펴보려고 이메일을 썼습니다. 이 링크를 통해 캐토피아 프랜차이즈의 세부사항을 다운로드 받으실 수 있어요. 더 자세히 이야기를 나누고 싶으시다면 아무 때나 제 핸드폰 555-998-1234로 전화해주세요.

아, 그럴게요. 자세한 내용이 뭐라고 했죠?

감사합니다.

매디슨

▶ 수신자가 이메일을 두 번 읽게 만들지 말 것.

MADE 포맷™으로 구성된
'후後' 이메일 ②

To : 안녕하세요, 키어스틴

Subject :

당신과 링크드인 1촌이자 조지 금융 프랜차이즈와 캐토피아의 회장인 제임스 조지가 당신이 캐토피아 가맹주로서 복합투자에 관심이 있는지 논의해볼 수 있도록 제게 대화를 주선해보라고 제안해왔습니다.

음, 흥미로운데

왜 이러한 투자에 관심을 가져야 하는지 알고 싶다면 제가 몇 가지 산업의 하이라이트를 간추려놨어요. 백서를 살펴보시려면 여기 링크를 클릭하세요. 더 자세한 캐토피아 프랜차이즈의 세부사항은 이 링크에서 다운로드 받으실 수 있습니다.

알았어요. 클릭할게요

제임스의 간접적인 캐토피아 투자가 주력이 되면서 제임스는 창업자 뿐 아니라 가맹주이자 부문 개발자가 됐어요. 우리는 그가 이끌었던 포레스트리 재무 부동산의 개발과 영업이 그랬듯 이 사업 역시 동일한 타이밍에서 폭발적인 성장 가능성을 가지고 있다고 이야기를 나눴습니다.

디테일: 누가, 왜

이 산업은 급속도로 발전하고 있고, 부동산 부문의 인기도 치솟고 있어요. 그리고 우리는 금융 프랜차이즈의 '여지'가 이러한 분야들의 리더라고 보고 있어요.

우리가 당신의 흥미를 자극했고 이에 대해 더 논의하고 싶으시다면 아무 때나 제 핸드폰 555-998-1234로 전화해주세요. 좀 더 구체적인 질문들에 제가 답을 드리겠습니다.

디테일: 어떻게

감사합니다.

매디슨

▶ 명료성을 향상시키기 위해 MADE 포맷™에 따라 이메일을 구성할 것.

요점과 행동이 묻혀 있는
'전前' 이메일 ③

To : 브래드에게 _____

Subject : _____

오늘날 대기업들은 매출 및 운영목표를 달성하기 위해서는 콜센터 서비스 향상이 중요함을 절감하고 있습니다. 유니버설 주식회사는 그동안 마이크로소프트, 애플, 플렉스 파워, 퍼스트 유나이티드 리소스 등과 협력해오면서 이러한 지원 경험을 탄탄히 쌓아왔습니다. 귀사인 애틀랜타 텔레서브와 마찬가지로 고도의 능력과 생존가능성을 요하는 이 기업들은 기업 네트워킹과 관련한 우리의 경험에서 많은 도움을 받았습니다.

그래서 이런 것들이 나와 무슨 상관이지?

유니버설 주식회사는 거래처와 최종소비자 모두에게 최선이 되는 전략을 개발하기 위해 매우 성공적으로 고객과 긴밀히 협력해왔습니다. 우리의 콜베스트 인핸스드 매니지먼트 애플리케이션Collbest Enhanced Management Applications은 대기업과 신흥기업 모두를 지원하는 생산성 및 퍼포먼스 도구를 제공합니다. 콜베스트와 유니버설 R을 비롯해 마이크로소프트를 위해 우리 회사가 기울인 노력에 관한 문헌자료를 첨부합니다. 이러한 기사들이 귀하가 관심을 가지고 귀사의 상황에 적용할 수 있다고 느끼시는 데에 도움이 되길 바랍니다.

애매하군, 왜 보낸 거야?

우리는 애틀랜타 텔레서브의 미래 사업 솔루션에 대한 가능성을 논의하고 싶습니다. 저는 귀사가 보이시에서 지역적인 성공을 거뒀을 뿐 아니라 토번(Tobern)으로 성장하게 됐음을 알고 있습니다. 귀사의 향후 성장을 위해 폐사의 마이크로소프트 지원 사항을 한 번 읽어주세요. 우리 두 회사가 공유할 수 있는 지원 및 기대사항이 있을 거라 믿습니다.

아, 바라는 행동이 숨어 있었네. 이게 요점이었군!

감사합니다.

케빈

▶ 이메일을 읽는 사람들은 이 옛날식 포맷으로 인해 갈피를 잃게 된다.

MADE 포맷™으로 구성된
'후後' 이메일 ③

To : 브래드에게

애틀랜타 텔레서브가 이곳 보이시에서 이룬 성공적인 운영 뿐 아니라 토번으로 거침없이 성장하게 되었음을 진심으로 축하드립니다. 저는 귀사와 폐사가 동일한 기대 및 지원사항을 공유할 수 있으리라 믿습니다(콜베스트 인핸스드 매니지먼트 및 유니버설 R 등).

메시지: 새로운 정보

귀하가 이 메일에 첨부한 기사들을 검토해주신다면 이후 잠재적인 사업 솔루션에 관해 논의할 수 있는 회의 자리를 마련하고 싶습니다. 이번 주 후반부에 귀하에게 어느 일정이 가장 편하실지 전화를 드리도록 하겠습니다.

행동. 흥미로운 이야기일 수도 있겠어

유니버설 주식회사는 거래처와 최종소비자 모두에게 최선이 되는 전략을 개발하기 위해 고객과 매우 성공적으로 긴밀하게 협력해왔습니다. 우리 콜베스트 인핸스드 매니지먼트 애플리케이션은 대기업과 신흥기업 모두를 지원하는 생산성 및 퍼포먼스 도구를 제공합니다.

디테일: 왜, 누가, 어떻게

유니버설 주식회사는 마이크로소프트, 애플, 플렉스 파워, 그리고 퍼스트 유나이티드 리소스 등과 협력해오면서 이러한 지원 경험을 탄탄히 쌓아왔습니다. 애틀란타 텔레서브와 마찬가지로 고도의 능력과 생존가능성을 요하는 이 기업들은 모두 기업 네트워킹과 관련한 우리의 경험에서 많은 도움을 받았습니다.

콜베스트와 유니버설 R을 비롯해 마이크로소프트를 위해 우리가 기울인 노력들에 관한 문헌자료들을 첨부하오니, 특히나 귀사의 상황에 적용 가능한지 알아보시는 데에 도움이 되실 거라 생각합니다.

좋았어. 한 번 살펴봐야지.

감사합니다.

케빈

▶이메일을 읽는 과정에서 요점을 파악할 수 있도록 MADE 포맷™을 이용할 것.

사외 수신자에게 나쁜 소식을 전할 때
이유를 먼저 제시하라

To : 브래드

Subject :

며칠 전 휴가에서 돌아온 탓에 이메일이 많이 밀렸어요. 그래서 새로운 프로젝트의 계약업자로서 당신을 맥스 캐퍼튼에게 추천해달라고 부탁하는 이메일에 대한 답장이 늦어졌네요.

중립적인 머리말

짐작하겠지만 저는 제 사업관계를 매우 중시합니다. 따라서 제가 누군가를 친구나 고객에게 추천할 때면 진정성 있게 하고 싶어 합니다. 그 사람의 성격과 서비스에서의 우수성, 그리고 제가 개인적으로 알고 있는 성과 등에 대해 제가 의견을 밝힐 수 있어야 하죠. (기준) 우리가 고작 몇 달 동안 알고 지내면서 한정된 횟수로만 접촉하며 인연이 그다지 깊지 않음을 고려했을 때, 이번 사안에서 당신을 맥스에게 추천하는 일이 불편하게 느껴집니다.

나쁜 소식

우리 팀에서 당신과 개인적으로 일해 본 다른 누군가에게 부탁하는 방법은 고려해보셨는지요? 아마도 그분들은 당신과 함께 일했던 개인적인 경험을 바탕으로 맥스에게 말을 할 수 있을 거예요. 그리고 이 시점에서 제가 할 수 있는 것보다 더 가치 있는 추천을 할 수 있을 겁니다.

대안

이번 계약에 입찰한 당신에게 행운이 있기를 기원합니다. 그리고 제가 앞으로 당신을 더 잘 알 수 있는 기회가 생기길 바랍니다.

선의를 담은 문장

감사합니다.

스테파노

▶ 나쁜 소식이 담긴 메시지를 전할 때 여러분의 이유나 기준을 먼저 제시하고 싶을 수도 있다. 그러한 구조는 여전히 단호한 답변을 하면서도 '메시지를 완곡하게 만들어주는' 경향이 있다.

이메일을 쓰는 사람들은 가끔 "하지만 자세라는 게 있잖아요. 저는 그냥 곧바로 메시지로 뛰어넘어갈 수는 없어요. 아닌가요?" 대부분의 경우, 그냥 뛰어넘어도 된다. 여러분의 이메일을 시작할 때

관계구축을 위한 말들이 필요하다고 느낀다면, 그래도 상관없다. 다만 지나치게 중언부언하지만 않으면 된다(예를 들어, 공통의 친구나 공통의 관심사, 과거의 인연, 기타 칭찬 같은 것들을 언급하는 것이다).

그러나 가끔은 그러한 문장이 이메일을 마무리 지을 때에 도움이 되거나 심지어 더 낫기도 하다. 또한 결론을 담은 문장을 다시 되풀이해야 하는 경우도 막아준다.

이러한 세 가지 변주(전달, 지시, 나쁜 소식)를 제외하고는 MADE 포맷™을 이용하는 것이 낫다.

M: 주제에 대해 요점을 요약하는 메시지Message

A: 수신자가 취하기를 바라는, 또는 여러분이 하려고 계획하고 있는 다음 행동Action. 후속행동 또는 추천행동 등.

D: 상세한 설명이 필요한 필수적인 디테일. 가끔은 '왜'와 '어떻게'에 대한 더 자세한 설명이 필요할 때도 있다.

E: 분명하게 밝히거나 설득하거나 행동을 더 쉽게 만들기 위한 증거Evidence로서의 첨부 자료

'이메일 하나에 메시지 하나'라는 원칙을 기억하자

거의 예외라 할 것도 없이 여러분이 하나의 이메일에서 하나 이상의 주제를 따지려들면 이메일의 초안은 촌스럽게 투박해지고 만다. 그리고 더 중요한 것은 이메일을 읽는 사람이 하나의 메시지만 알아듣고 다른 메시지는 놓치게 된다는 점이다. 이메일 수신자들은 또 다른 딜레마에도 처하게 된다. 이메일 속 하나의 메시지가 행동이나 조언을 얻기 위해 포워딩이 필요하지만 나머지 메시지는 관련이 없고 두 번째 수신자를 혼란스럽게만 만들 경우에는 어떻게 해야 하는가?

다음 사례는 복수의 메시지를 담은 이메일이 읽는 사람의 집중도를 어떻게 분산시키는지 보여준다.

To : 리
Subject : 안녕하세요.

우리가 간호행정자들과 8월 22일 가졌던 회의에서 논의하고 협의한 전략들을 다시 정리하기 위해 이메일을 보냅니다. 다음의 단계들이 당신이 제시한 가이드라인과 일치할 것이라 생각합니다.

1단계 – 지시 보류: 우리는 모든 지시들을 표준화하는 시도를 할 예정이며, 이는 한 명의 간호행정자가 제약회사들과 함께 병원 전체에 이러한 지시를 내리는 것을 방지하기 위함입니다.

2단계 – 유지보수 보고서: 잭은 병원침대에 반복적으로 발생하는 서비스 문제를 규정하기 위해 엔지니어링 담당 직원을 만난 후 관련 공급사에 연락할 예정입니다. 이러한 정보는 모든 병원들을 위한 서비스/유지보수 프로그램을 개발하기 위해 사용될 수도 있습니다.

3단계 – 태스크포스 표준화: 이 태스크포스는 모든 수술침대에 필요한 주요특징들을 결정하는 임무를 담당하기 위해 결성될 예정입니다.

4단계 – 재고 업데이트: 병원 시스템은 교체 프로그램과 일정을 포함해 완전한 병상평가를 실시하게 됩니다.

리, 지금까지의 정리가 회의에서 당신이 요청했던 바와 일치했으면 좋겠습니다. 당신에게서 다른 이야기를 듣지 않는 이상 여기에 따라 진행할 예정이에요. 우리는 지난번 회의에서 장기적으로 봤을 때 특히나 보웬 시스템에 유용할 노력들을 시작했습니다. 즉, 단 한 곳이 아닌 우리의 모든 침대 공급사들과 협력적인 관계를 구축하기로 한 것입니다. 그러니 어떻게 해야 모든 잠재적인 관계(경제적 관계 뿐 아니라 그 외 모든 관계까지)가 '협력사 계약'에 의해 강화될 수 있는 지에 대해 당신의 생각은 어떤지 좀 더 자세히 들려주세요.

두 번째 메시지가 묻혀 있어서 읽는 이가 놓칠 수 있다

저는 이번 표준화 프로그램과 관련해서 당신의 참여와 지도에 진심 으로 감사드리고 있습니다. 당신의 비전 덕분에 재고관리를 위한 유 용하고 혁신적인 도구를 만들어낼 수 있을 것이며, 아마도 우리에게 1,000만 달러가량의 가치를 가지는 사안이 될 것입니다.

자넬

▶ 하나의 이메일에서 여러 가지 메시지를 제시하지 말 것.

이 이메일을 쓴 사람은 두 가지 요약 메시지와 두 가지 행동을 제시하고 있다.

첫 번째 메시지: 저는 우리 회의에서 나온 가이드라인들을 다시 정 리해봤어요.

첫 번째 행동: 제가 당신의 가이드라인을 제대로 이해했는지 확인해

주세요.

두 번째 메시지: 저는 또한 우리 공급사 모두와 협력적 관계를 맺는

것에 관심이 있어요.

두 번째 행동: 특히나 협력사 계약과 관련해서 어떻게 하면 될지 좀

더 자세한 내용을 줄 수 있어요?

이 이메일의 수신자인 리는 하나의 메시지에만 초점을 맞추고 (답장을 하면서) 다른 메시지는 무시할 가능성이 꽤 높다. 설사 리가 협력사 계약에 대한 자세한 내용을 제공하기로 결정한다 하더라도, 그는 아마도 이 메일을 다른 직원에게 포워딩해서 답장을 하고 표준형식에 따른 계약서를 보내주도록 하고 싶을 것이다. 그렇다면 이메일의 초반부는 두 번째 수신자에게는 전혀 상관없게 될 것이다.

이를 저장해두었다가 후에 복구하는 것 역시 문제가 된다. 이 이메일은 직원회의에 관한 것인가, 미래의 협력관계에 관한 것인가? 따라서 총칙은 다음과 같다. 이메일 하나에는 메시지도 하나만이라는 것이다. 복수의 메시지를 포함하는 이메일에서 메시지 가운데 하나는 어쩔 수 없이 2순위로 밀려날 수밖에 없다.

참조CC와 숨은 참조BCC를
적절히 활용하자

주요 수신자(그리고 수신목록에 있는 다른 사람들)에게 이메일을 받는 사람들이 누군지 모두 알려주고 싶다면 참조기능을 사용하자. 이는 사람들이 서로 이메일을 포워딩하면서 벌어지는 중복을 줄여준다.

주요 수신자가 수신 목록상의 누군가에게 질문을 하거나 이메일과 관련해서 업무를 위임하고 싶다면, 이 주요 수신자는 동일한 세부사항을 모두 되풀이해서 설명할 필요가 없다. 그냥 처음의 이메일 위쪽에 의견이나 질문을 덧붙인 후 이를 포워딩할 수 있다.

숨은 참조BCC 기능은 좀 더 세심함을 보여줄 수 있다. 숨은 참조 기능을 사용했을 때 주요 수신자는 여러분이 숨은 참조로 누군가에게 이메일을 보냈다는 사실을 알 수 없다(숨은 참조를 사용하는 이유는 정치적일 수도, 혹은 아무런 악의도 없을 수 있다. 예를 들어 고객에게 회의 취소에 관한 이메일을 보낼 때 사내 담당자를 숨은 참조로 넣는다면 그 담당자는 이와 관련한 출장계획을 취소해야 함을 알게 된다).

그러나 숨은 참조 기능을 사용하는 가장 흔한 경우는 여러분이 여러 사람에게 단체 메일을 보내면서 모든 사람의 이메일 주소가 노출되지 않기를 원할 때다. 여기에는 두 가지 이유가 있다.

프라이버시를 지켜주고 받은 메일함이 어지럽혀지는 것을 방지하기 위해서다. 수신목록에 있는 모든 사람의 이메일 주소가 (의도

적이든 실수로든) 노출되어 누군가가 '전체 답장'을 눌러버리는 일 없이 다른 사람들에게 이메일을 보내기 위해서는 이메일 수신자를 여러분 자신으로 설정하면 된다. 그 후 이메일을 읽어야 할 사람들을 숨은 참조 목록에 넣도록 하자.

이러한 요점들을 염두에 둔다면 우리는 더 짧고 명료한 이메일을 절반의 시간 안에 쓸 수 있게 된다!

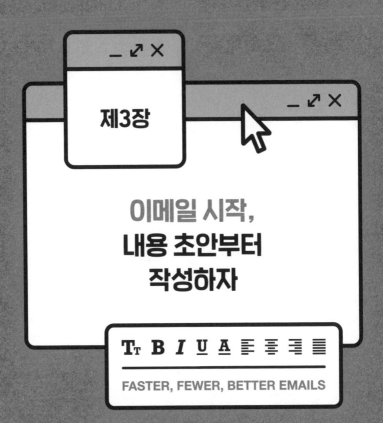

제3장

이메일 시작,
내용 초안부터
작성하자

FASTER, FEWER, BETTER EMAILS

그 문장을 다듬어달라시면, 제가 수요일까지 줄여올 수 있을 거 같아요.

― 호크아이 HAWKEYE, TV 드라마 '매쉬 M*A*S*H'의 등장인물. '더 건 The Gun' 편에서

우리는 어려운 부분은 마쳤다. 복잡한 이메일에도 적용할 수 있는 모든 요점들을 확인했으니까. 이제는 다음 단계다. 화면상에서 문장을 완성하기 위해 이러한 요점들을 재빨리 전환시키는 것이다. 가끔 복잡한 생각을 모두 정리했다 하더라도 키보드를 뚫어지게 내려다볼 뿐 딱 떨어지는 문장이 흘러나오지 않을 수도 있다. 이런 경우 완벽함은 잘하는 것의 적이 된다. 일단 시작하고 그 후에 완벽하게 만들면 되는 것이다.

주제와 메시지를 구별하기 위해 앞에서 제시한 요령을 시도해보자. 초안 쓰기를 재빨리 시작하려면 "___에 대해 말씀드리려 이메

일을 씁니다"라는 마중물을 붓고 문장을 마무리 지어 보자.

그 후 이메일을 읽는 사람이 취하기를 바라는 행동(추천 또는 후속 행동)을 가지고 계속 이어가면 된다. "___를 해주실래요?" 또는 "그러니까 제가 추천하는 바는 ___입니다." "그런 경우 저희가 요청하는 것은 ___입니다." "___를 해서 우리를 도와주세요." 등이 되겠다.

이메일이 막힘없이 흘러가도록
매끄러운 전환구를 활용해보자

초안을 작성하다가 막혀버린 경우, 이런 어려움은 보통 MADE 포맷™의 네 가지 부분을 어떻게 이어갈 것인지 결정하는 데에서 발생한다. 좀 더 구체적으로는, 주요 메시지와 행동문을 작성한 후 디테일로 들어가는 것이 어색하게 느껴질 수 있다.

여기에 휘말려 늘어져서는 안 된다. 전달 메시지 이전에 좋은 전환용 문장 하나를 덧붙인 후 자세하거나 명확한 설명을 위해 원점으로 돌아오면 된다.

"이 상황에 대해 배경설명을 좀 할게요."

"이런 이례적인 요청을 드리는 것에 대해 이유를 자세히 설명하자면, 우리 팀은…"

"이 상황이 어떻게 발생하게 됐는지 좀 더 정확하게 설명 드리자면…"

"기억나실지 모르겠지만 몇 달 전…"

"다시 원점으로 돌아와서 좀 더 자세한 이야기를 여기서 해드릴게요."

"이 새로운 공정은 우리의 접근방식에 뚜렷한 변화를 가져다줄 것을 유념해주시고…"

"왜 변화가 생겼는지 설명해드릴게요."

"당신이 담당한 영역에서의 예상비용을 계산하는 데에 도움을 드리려고 예시를 하나 들게요. 어떻게…"

아마도 이러한 의문이 들 수도 있다. "배경설명이나 디테일을 먼저 제시한 다음 메시지와 행동을 요약하면 안 되나?" 좋은 질문이다.

간단히 여기에 대답하자면, 명료성과 속도 때문이다.

첫째는, 명료성이다. 제목이나 전문前文 없이 신문기사를 읽는다고 상상해보자. 기자가 선사하는 갖가지 모순되는 인용구와 상세설명, 통계 사이를 허우적거리며 헤매게 될 것이다. 그리고 이 모든 상세정보와 사실, 수치 등이 무엇을 '의미'하는지 파악하기 위해 처음으로 돌아가 기사를 다시 읽어야만 할 수도 있다. 어떤 경우든 기사를 잘 파악할 수 있게 되기까지 요점이 무엇인지 '깜깜이' 상태에 있게 된다. 그리고 분명 처음에 독자들은 이 기자가 자기들의 눈을 가린 채 복잡한 고속도로로 이끌고 간다고 느낄 수도 있다.

'디테일'이 먼저 나오도록 구성된 이메일을 읽을 때 동일한 감정이 일어나게 된다. 이메일을 읽는 사람들은 메일을 쓴 여러분의 전체적인 관점을 이해하게 될 때까지 그 배경정보를 거의 이해하지 못할 것이다. 요약이 먼저 나올 때 디테일에 대한 이해가 명확해진다.

MADE 구조가 필요한 두 번째 이유는 바로 '속도'다. 일단 요약 메시지와 행동문을 쓰고 나면 로드맵을 준비한 셈이다. 그러면 이 뚜렷해진 길을 따라 디테일들을 그냥 밀고 나가면 되는 것이다.

제목은
구체적, 실용적, 그리고 간단하게!

여러분은 이메일 초안을 쓰기 전이 아니라 쓰고 난 후 제목을 붙이는 것이 더 쉽고 빠르다는 것을 깨닫게 될 것이다. 왜냐고? 제목은 메시지와 행동문이 축약된 버전이기 때문이다. 여러분이 이메일 마케터가 아닌 이상 제목은 신비해서는 안 되며 정보를 제공해야만 한다. 그리고 마케터들조차도 가끔은 모호한 헤드라인이 언제나 소비자들의 호기심을 불러일으키는 것은 아님을 깨닫는다.

일주일 동안 이메일이 쌓인 받은 메일함을 빠르게 훑어보면 다음과 같은 제목들이 눈에 들어올 것이다.

> 잠깐 질문이요 *뭐에 대해서?*
> 곧 있을 덴버 워크숍 *그래서 그 워크숍이 뭐?*
> CRD 코딩 *당신이 그걸 보낸다고? 아님 부탁한다고?*
> 금요일 오후 1시에 시간 있어요? *상황에 따라 다르죠*
> 확인 부탁드립니다 *뭐를?*
> 막바지 상세정보 *이 사람이 그 정보를 주겠다는 거야, 필요하다는*
> *거야?*
> 잠깐, 한 가지 더요 *무슨 한 가지?*

'전쟁', '테러리스트 공격', '텍사스', '눈보라 상황' 등과 같이 애매모호한 신문 기사제목을 읽게 된다면? 어디서부터 읽기 시작해야 할지 알 수 없을 것이다. 여러분이 소설가, 그것도 추리소설가가 아닌 이상 이메일의 제목은 정보성을 띤 기사제목으로 바꿔보도록 하자.

구체적이고 **실**용적이며 **간**단한 제목, 그러니까 '구.실.간'을 기억하자.

> RW 행사에서 가족회원으로 등록하는 방법
> 5월 12~13일 덴버 워크숍: 참여율 저조로 취소함

CRD 코딩 잠시 중단하세요: 5단계에서 결함 발견함

금요일 오후 1시에 라이선싱 계약 연장을 위한 전화통화 가능한가요?

멘로 투자에 관한 결정 관련 팔로업

토요일 예정된 전화 스위치오버에 대한 최종정보

3분기 IT예산의 5천 달러 증액에 대한 승인을 요청합니다

메시지와 행동이 묻혀 있고
제대로 전환이 되지 않는 이메일

To : 딘

Subject :

올해 초 열렸던 회의의 팔로업을 위해 이메일 드립니다. 지난 1월에 우리는 귀사와 유니버설 간의 총괄구매계약이 주는 잠재적 이득에 관해 전반적으로 논의를 했었죠.

1월에 우리는 잔디깎기 기계 800대에 대한 귀사의 #P-2683 입찰에 응했고 블레이데라Bladera와 블레이드스페이드BladeSpade 시리

즈를 제안해 드렸습니다. 지금까지 우리 측 봉함입찰의 현황에 대해 아무런 정보도 듣지 못했고, 따라서 아직 아무런 결정이 내려지지 않은 것으로 추측하고 있습니다.

저는 위원회에 소속돼 있는 당신과 당신 팀원들을 초대해 미시시피 주 잭슨에 있는 공장과 본사를 한 번 둘러보실 수 있는 기회를 드리는 것이 좋겠다는 생각을 했습니다. 이 여행의 목적은 우리 회사의 잔디 깎는 기계 생산라인이 가진 구체적인 특성에 초점을 맞춤으로서 귀사에서 원하는 조건이 무엇인지 정확한 정보를 얻는 것입니다.

현재 우리는 다양한 정보를 제공할 수 있는 고객방문프로그램을 운영하고 있습니다. 제가 이 여행의 담당자로서 우리 회사 비행기로 당신을 모실 예정입니다. 우리 비행기에는 저와 승무원 외에 귀사의 팀원 6명이 함께 탑승할 수 있습니다.

보통은 오전 8시 시카고 오헤어 공항을 떠나 점심시간에 맞춰 잭슨에 도착하게 됩니다. 그 후 우리 제품이 어떻게 생산되는지를 둘러보고 제품 시스템 센터에 들립니다. 숙박은 인근 리조트에서 이뤄지며 저녁식사와 다음날 아침식사가 제공될 예정입니다. 이튿날 점심식사 전에 제품 시스템 센터를 방문할 수 있으며 오후 1시에 출발해서 그날 오후 시카고로 돌아가는 일정입니다. 이틀간의 시간 투자를 통해 귀사에서 우리 제품에 대해 궁금해 할 기술적 질문의 95%가 해결될 것이라 확신합니다.

딘, 이 여행에 대해 어떻게 생각하는지 얘기해주면 정말 감사하겠어요. 어떤 모델이 무슨 기능을 지녔는지에 대한 수많은 궁금증을 말끔히 해결해 드릴게요.

다시 한번, 유니버설 제품에 대해 관심을 가져주셔서 감사합니다.

안녕히 계세요.
루이스

▶ 이메일을 전체적인 개요와 분명한 전환용 문장 없이 쓰는 경우
이를 읽는 사람들은 전혀 알고 싶지 않은 디테일을 읽느라 시간을 낭비하게 된다.

매끄러운 전환용 문장과 함께
MADE 포맷™으로 쓰인 이메일

To : 딘
_____

Subject :
_____

잔디 깎기 기계 800대에 대한 우리의 #P-2683 입찰에 대한 결정을 돕기 위해 우리는 위원회에 속한 당신과 당신 팀원들을 미시시피 주 잭슨에 있는 우리 공장과 본사에 초대하려 합니다. 이 여행의 목적은 우리 잔디 깎기 기계 (특히 제안드렸던 블레이더와 블레이드스 페이드 시리즈) 생산라인의 구체적인 특성에 초점을 맞춤으로써 귀사에서 원하는 조건이 무엇인지 정확한 정보를 얻는 것에 있습니다.

메시지

이러한 방문에 관심이 있으신가요? 혹시 그렇다면 제게 알려주세요. 즉시 일정을 잡도록 하겠습니다.

행동

상세한 여행일정은 다음과 같습니다.

제가 이 여행의 담당자로서 우리 회사 비행기를 타고 함께 이동합니다. 우리 비행기는 저와 승무원 외에 귀사의 직원 6명이 탑승할 수 있습니다.

디테일의 시작

보통은 아침 8시에 시카고 오헤어 공항을 떠나 점심시간에 맞춰 잭슨에 도착합니다. 이후 우리 제품이 어떻게 생산되는지를 보고 제품 시스템 센터에 들립니다.

숙박은 인근 리조트에서 이뤄지며 저녁식사와 아침식사가 제공됩니다. 다음 날 점심식사 전에 제품 시스템 센터를 재방문한 후 오후 1시에 출발합니다. 그리고 그날 오후 시카고에 도착하게 됩니다. 이틀간의 시간을 투자하시면 제품과 관련해 귀사에서 궁금해 할 기술적 질문의 95%가 해결될 것이라고 확신합니다.

딘, 우리의 고객 방문 프로그램은 아주 다양한 정보를 제공합니다. 따라서 어떤 모델이 무슨 기능을 가졌는지에 대한 많은 질문들을 분명히 짚어볼 수 있을 거라 믿습니다.

이러한 방문에 대해 어떻게 생각하시나요?

안녕히 계세요.

루이스

▶ 개요와 전환용 문장이 신속한 초안작성과 빠른 읽기가 가능하도록 방향을 설정해준다.

적절한 인사말과 끝인사에
주의를 기울이자

초안을 작성하는 과정에서 적절한 인사말과 끝인사를 정하면서 쩔쩔매느라 시간을 낭비하지 말자.

고전 명작 영화 〈제리 맥과이어〉에서 아내와 말다툼을 벌이고 오랜 별거를 했던 톰 크루즈가 집으로 뛰어들어가 사과의 의미를 담아 설명을 시작하고 낭만적으로 애원한다. "당신이 있어야 나는 완전해져요. 당신은…"

그러자 그녀가 말을 가로막는다. "당신이 안녕이라고 말한 순간 이미 용서했어요."

이 영화의 줄거리가 떠오르지 않는 경우에 대비해 말하자면, 이메일 인사말과의 유사성은 여기서 끝이라는 점이다. 여러분의 이메일을 읽는 사람은 여러분과 사랑에 빠져있지 않으니까. 가장 친한 친구에게 이메일을 보낸다고 해도, 이들의 메일함은 이미 꽉 차버렸고 여러분에게서 이메일이 하나 더 도착하지 않길 원할 가능성이 높다.

따라서 이메일 인사말은 이를 읽는 사람이 마음의 준비를 하게 만들어야 한다. 이들을 밀어내는 것이 아니라 말이다.

우선 여러분에겐 인사가 필요하다고 가정하자. 여러분이 매일 똑같은 사람에게 이메일을 쓴다 하더라도, 언제 어느 특정 이메일이 마침내 기나긴 이메일 타래로 바뀌어버리게 될지 알 수 없는 법이다. 그리고 누군가가 훗날 그 이메일 타래를 전체적으로 훑어야 할 수도 있다. 아무런 인사말이 없다면, 이메일 타래 잇기가 끝나버린 후 누가 누구에게 무엇을 이야기했는지 알아내기가 가끔은 힘들어진다(매번 이메일 서명을 넣지 않는 이상 그렇다). 매번 이메일을 교환할 때마다 인사말이 있다면 이 부분이 매우 명확해진다.

내 동료인 빌 램튼은 이러한 원칙을 꽤나 잘 터득하고 있다. 그가 보내는 모든 이메일은 마치 그가 아침에 상쾌하게 말을 건네며 내 사무실로 걸어 들어오기라도 하는 듯이 들린다. 다음은 그가 최근 이메일에서 쓴 인사말들이다.

다이애나, 안녕

아주 좋아, 다이애나. 우리가 해야 할 다음 일은…

화요일은 어때, 다이애나?

좋은 아침이야, 다이애나!

당연하지. 다이애나. 5월 중순부터 말까지가 내 스케줄에 딱 맞아.

완전히 동의한다고, 다이애나.

　이러한 인사말들이 어떻게 여러분이 이메일로 바로 집중하게 만드는지 보았는가? 그러면서도 기나긴 이메일 타래를 훑어야 하는 사람이라면 여전히 누가 누구에게 이메일을 쓴 것인지가 신속하게 분명해진다.

가능하다면
맞춤형으로 쓰자

여러분이 어떤 이메일 시스템을 사용하고 여러분의 발신목록이 얼마나 깔끔한지에 따라, 개인의 이름을 가지고 맞춤형으로 이메일을 쓰는 것이 가능해질 수 있다. 하지만 이유가 무엇이든 간에 그

렇게 할 수 없는 경우, 적어도 맞춤형 단체 인사말을 사용하도록
하자. 예를 들어 이런 식이다.

제4지역 영업팀 분들, 안녕하세요.

우리 허리케인 현장 봉사자 동지들에게.

우리의 로열 클럽 멤버스들 안녕하세요!

동료의 사무실로 뚜벅뚜벅 들어가 낄낄 웃으며 웃긴 이야기를
하다가 뜬금없이 "아, 맞다. 그러고 보니 마이클, 제가 막 상사와의
회의에서 돌아왔는데요, 당신 내일 회사서 잘릴 거래요"라고 말하
는 사람은 없다. 이는 내용과 어조 면에서 상당히 삐걱대는 전환이
된다. 아무리 가까운 사이라도 마찬가지다.

이메일로 커뮤니케이션을 할 때도 똑같다. 여러분의 인사말은
내용과 관계, 어조라는 측면에서 이메일 나머지 부분과 조화를 이
뤄야만 한다. 심각한 내용이라면 인사말은 좀 더 형식적이 되어야
한다. 가벼운 주제를 가까운 사이에서 나누는 것이라면 인사말은
전화로 직접 대화를 나누는 만큼 격의 없어도 좋다. 프로젝트팀에
회의를 취소한다는 이메일을 보낼 때면 좀 더 허물없는 대화체로
인사를 해도 괜찮다.

공급사 측에 성과미달에 대해 소송을 걸겠다고 위협을 하려면 인사말은 정중해야만 한다.

몰리나스 씨에게

우리가 리지웨이 브릿지 문제에 있어서 합의에 이르지 못했다는 점에 매우 실망스럽습니다. 우리가 더 이상의 대안을 찾을 수 없음에 따라 모든 법적 조치를 취하도록.

인사말과 끝인사의 구두점은 정확히 찍자

이메일 초반부에서 터무니없는 실수를 저지를 경우 '부주의한 발신자가 중요치 않은 메시지를 썼음'이 강조되는 셈이다.

다음과 같이 구두점을 찍었다면 이 인사말은 무조건 틀린 것이다.

친애하는 라울에게.

톰에게.

좋은 아침이에요 마리타.

안녕 그렉.

다음은 올바른 버전이다.

안녕하세요, 마리타. 또는 좋은 아침이에요, 마리타.

안녕, 그렉.

구두법 때문에 처음부터 구실을 만들지 말자. 여러분이 의도하는 어조와 관계를 만들어내기 위해서는 올바른 구두점을 익혀야만 한다.

의미 없는 끝인사는 빼되, 지나치게 간결해지지 않도록 주의하자

주제가 일상적이고 정중한 관계일 경우 매번 주고받는 이메일을 '감사합니다.' 또는 '궁금한 점 있으시면 편하게 전화주세요'라는 말로 끝내지 말도록 하자.

물론 이러한 문장이나 질문이 여러분의 메시지와 관련해 의미가 있다면 포함해야 한다. 그러나 이러한 언급은 금세 진부한 표현이 되어 버린다. 일단 대화를 시작하게 된다면 그냥 그 대화를 이어가도록 하자. 나중에 기나긴 이메일 타래를 훑어보면서 누가 누구에게 무슨 말을 했는지 따라잡기 쉽도록 여러분의 이름이나 이메일 서명을 덧붙이기만 하면 된다.

그래, 우린 지금 이메일 초안을 재빨리 완성하는 데에 도움이 될 만한 모든 소소한 팁들에 대해 이야기하고 있다. 그리고 대부분의 이메일을 몇 초 아니면 몇 분 안에 쓸 수도 있다. 그런데 그런 게 항상 좋은 것은 아니다.

너무나 현명치 못한 결정들이 자동반사 같이 이뤄진 이메일 답장을 바탕으로 이뤄진다. 예를 들어 상사 또는 팀장은 딜레마에 처했을 때 의견을 달라면서 프로젝트팀에 이메일을 쓴다. 그리고 그가 회의를 하러 사무실 문을 나서는 사이 첫 번째로 이메일을 읽은 사람이 대충 내놓은 아이디어를 가지고 답장을 하는데, 그만 '전체 답장'을 클릭해 버리는 것이다.

결국 다른 팀원들은 모두 다른 프로젝트 업무를 하느라 시간에 쫓기는 와중에 "내 생각엔 괜찮은데", "좋은 생각이에요.", "좋아요.", "그거면 될 거 같아요." 등의 답장을 보내게 된다. 그리고 우리가 미처 깨닫기도 전에, 빠른 처리에 대한 선호가 깊이 있는 생각을 앞지르게 된다.

그러니 빠른 이메일이 옳은 결정의 적이 되도록 내버려두지 말아야 한다. 깊이 있는 시간의 원칙을 적용한 후에는 얼마든지 속도를 높여도 좋다. 다만 간결함이 퉁명스러움과 연결 지어질 수 있음을 기억하자. 특히나 민감하거나 부정적인 상황에 대해 논의하거나 여러분이 이메일 수신자와 아직 돈독한 관계를 쌓지 못했을 때는 더욱 그렇다.

예를 들어 여러분 부서에서 이번 주말 레이몬드가 회사를 그만두기 전에 그를 위한 송별파티를 주관하기로 했다고 하자. 파티 플래너 카라는 음식을 충분히 준비했는지 확인하고 싶었고, 따라서 여러분과 여러 팀원에게 "오늘 오후 3시에 레이몬드의 파티에 올 건가요?"라는 이메일을 보냈다. 그랬더니 여러분은 "아니요"라고 답했다.

아마도 여러분은 정신없이 바빴고 여러분의 이메일이 단순히 '핵심을 전달한다'고 생각했을 것이다. 그러나 카라와 다른 사람들은 이 아리송한 메시지를 부정적으로 해석했다. "레이몬드 싫어해요?", "최근 들어 싸웠어요?", "그 자리에 참석하는 다른 누군가 때문에 화가 났어요?", "우리 부서에 소속감이 없어요?", "일 때문에 버거워요?", "우울해요? 파티할 기분이 아니에요?", "가정에 문제가 있나요?"

다른 단어나 어구를 하나만 더 덧붙이는 것만으로도 짧은 이메일의 어조를 완전히 바꿔놓을 수 있다. 앞의 상황으로 예를 들어보자. "아니요, 그 자리에 갈 수 없어서 미안해요." 아니면 "아뇨, 오늘은 일찍 퇴근해야 해서요.", "너무 바쁘네요. 갈 수가 없어요.", "레이몬드를 잘 몰라서요. 오늘 다른 일 때문에 바쁘네요. 좋은 시간 보내세요!"

신속하게 이메일 초안을 쓸 때도 옳은 의사결정이나 명료성, 또는 간결하게 말하는 어조 등을 희생시켜서는 안 된다.

이메일 서명이 여러분에게 도움이 되도록 만들자

제목과 마찬가지로 여러분의 이메일 서명도 정보를 제공하면서 실용적이고 간결하게 유지하자. 이러한 세 가지 개념이 반드시 정해진 숫자의 문장으로 옮겨질 수 있는 것은 아니다. 일부 기업의 주소는 다른 회사들에겐 두 줄로 충분할 동안 여섯 줄이 필요할 수도 있다.

정보제공: 이메일 수신자들은 필수적인 연락정보를 필요로 한다. 일반적으로 여러분의 직위, 회사, 주소, 전화번호 등이다. 내용의 배열, 폰트 사이즈, 이미지, 색의 사용 등도 가독성과 전체 디스플레이에

영향을 미칠 수 있다.

실용성: 세일즈와 마케팅 직원들, 그리고 브랜드를 구축해 나가는 다른 직원들은 자기 커리어에 도움이 되는 마지막 대사로서 이메일 서명을 활용하고 싶을 수도 있다. 예를 들어, 신제품이나 새로운 서비스 제안, 트레이드마크가 찍힌 구호, 수상실적, 곧 다가오는 업계 행사나 날짜 등이다.

간결함: 장황한 이메일 서명은 긴 타래를 훑어보려는 사람들을 성가시게 만든다(대부분의 이메일 메시지에서 이메일 답장이나 팀에 보내는 내부메일에서는 더 짧은 이메일 서명을 첨부할 수 있다).

이메일 서명에 이미지를 첨부하는 것(이미지 파일로 된 서명, 로고, 또는 명언 등)에도 유행이 있음을 명심하자. 인터넷 전문가들은 관련 없는 이미지를 포함해 이러한 사례들이 이메일이 스팸 혹은 스팸 메일함으로 보내지는 주요 이유라고 못 박았다.

그러나 일단 여러분이 쓰는 이메일의 99%에 적합한 표준화된 이메일 서명을 가지고 있다면, 즉각적으로 쓸 수 있는 시간 절약책을 마련한 것이다.

이 시점에서 여러분은 짧은 이메일의 초안 작성을 마쳤다. 하지만 마지막 단계, 즉 명료함과 간결함, 문법, 문체 등을 교정하기 전에 무모하게 구느라 지금까지의 노력을 낭비해서는 안 된다.

중요한 이메일을 쓰고 있다면 잠시 냉각기를 가지도록 하자. 하룻밤을 넘기는 것이 가장 좋다. 한 시간도 괜찮다. 이를 임시보관함에 넣어놓은 후 편집단계에 필요한 신선한 관점을 가지고 다시 돌아오도록 하자.

모든 이메일이 누군가의 공을 필요로 하는 것은 아니다. 그러나 일부 이메일들은 그렇다. 마지막으로 한 번 더 살피자.

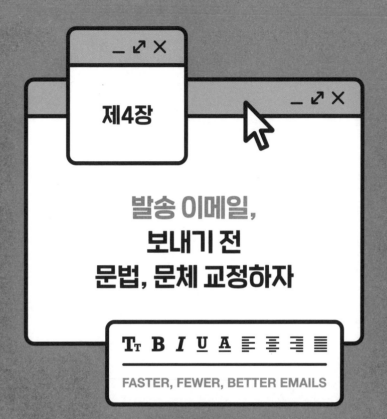

제4장

발송 이메일,
보내기 전
문법, 문체 교정하자

Tr **B** *I* U A

FASTER, FEWER, BETTER EMAILS

간결성은 달변에 필요한 엄청난 매력이다.

― 키케로 Marcus Tullius Cicero, 고대 로마의 연설가이자 철학자, 작가

이메일을 한 문장으로 쓴다면 이 교정단계에서는 겨우 5초에서 10초 정도가 걸릴 것이다. 그렇다 하더라도 이 교정 단계는 아주 중요하다.

UNC 설문조사에 의하면 응답자의 89%가 엉터리로 쓴 이메일 (부정확한 문법, 빈약한 구조, 불분명한 메시지 또는 행동)로 인해 발신자와 발신자의 회사가 지닌 신뢰성이 떨어진다고 대답했다. 무려 25%는 그러한 이메일 때문에 그 발신자와 함께 일하거나 그 사람이 속한 회사로부터 뭔가를 구매하려는 결정을 다시 한번 고민하게 된다고 말했다.

그러나 신뢰성과 이미지, 명료성보다도 더 중요한 것이 위태로워질 수 있다. 작은 실수 하나(잘못된 곳에 위치한 단어, 애매한 대명사, 또는 잘못 사용된 쉼표 등)가 여러분 이메일의 의미를 완전히 바꿔놓을 수 있기 때문이다.

실제로 매일 179구골(10의 100제곱 – 옮긴이주) 가량의 무고한 사람들이 자기들이 저지르지 않은 악행이나 범죄에 대한 혐의를 뒤집어쓰는 것으로 추정된다. 이런 식이다. "찰스가 유니버설에서 우리 회사로 이직했어요. 찰스는 등산을 좋아하고 올드카와 가족 바비큐를 좋아해요."(그러나 찰스는 사이코패스 살인자가 아닐 가능성이 아주 높다! 어디선가 누군가가 이 이메일을 잘못 보고선 그를 신고해버릴 수도 있겠다. 그는 가족을 바비큐 해버리는 사람이 아니라고! 사실은 그저 이메일을 쓰는 사람이 중요한 쉼표를 빼먹은 것뿐이다.)

좋아, 이제 좀 진지한 이야기를 해보자. 여러분이 기술적이고 논란의 여지가 많거나 민감한 주제로 긴 이메일을 쓰고 있다면 교정 단계를 거치는 것은 필수다. 장황하게 설명하다가는 이메일을 읽는 사람들이 세세한 사항들을 놓칠 수 있다. 문장에서 적절한 구절을 강조하는 것에 실패한다면 설득에도 실패할 수 있다. 잘못된 단어를 선택했다가는 법적 분쟁으로 이어지는 공격을 유발할 수도 있다.

명료하게 교정하고
눈길끌기에 유의하자

이를 기억하도록 하자. 여러분의 이메일은 언제나 여러분 자신에게는 명확하게 읽히는 법이다. 그게 아니라면 애초에 그렇게 쓰지도 않았을 테니까. 중요한 것은 읽는 이의 마음속에서 명확해지도록 쓰는 것이다.

또한 서너 개의 단락으로 구성된 이메일에서는 읽는 사람들이 내용을 미리 파악하거나 정보를 제대로 배치하는 것에 머리말이 도움이 되는지 재빨리 고려해보자. 단락 대신 목록을 사용해보는 것은 어떨까? 단, 숫자가 매겨진 목록은 일반적으로 순차적 단계의 순서를 의미하지만 글머리 기호가 붙은 목록은 그렇지 않음을 염두에 두자.

꼭 하지 말아야 할 타당한 이유가 없는 이상, 단락마다 3개에서 5개 사이로 문장을 분배하자. 적절한 전환이 이뤄질 때 이메일을 읽는 사람들은 여러분을 좇아 다음 단락으로 넘어갈 것이다. 그러나 하나의 문장으로 이뤄진 단락을 쓰는 극단적인 방식을 사용하지 말자. 그런 들쑥날쑥한 이메일은 일관성이 없어 보인다.

문장들이 장황해지지 않게
만들자

이메일 수신자들은 재미를 위해 끈기를 가지고 이메일을 읽는 것이 아니다. 이들은 군이 노력을 기울이지 않고도 정보를 얻을 수 있길 바란다. 최대 15개에서 20개의 단어를 쓰는 문장이 두 줄 이상을 넘어가게 된다면 적절히 끊어줄 위치를 찾아보도록 하자.

말은 엄청난 힘을 가진다. 단 하나의 문장 안에, 특히나 앞에서 보여주듯 기술적인 문장 안에 너무 많은 말을 우겨넣지만 않는다면 말이다. 그리고 '이, 그, 저, 그들, 또는 어느'가 가리키는 언급대상을 명확히 해야 한다. 대명사란 이전에 나온 명사(사람, 장소, 물건, 또는 생각)를 가리킨다. 문맥상 타당한 언급대상은 반드시 하나만 존재하도록 해야 한다.

애매한 언급: 이 장치에서는 가능한 접속이 오직 하나만 존재하는데, 이는(which) 문제를 일으킨다. 문제를 일으키는 것은 접속 그 자체인가, 아니면 접속이 오직 하나만 존재한다는 것인가? 주의할 점은 다음과 같다. 기술적으로 설명할 때 '이는(which)'은 생각이나 문장 전체가 아니라 특정명사를 가리켜야 한다. 그러나 많은 사람들이 이메일을 쓸 때 무심코 생각이나 문장 전체를 의미할 때 '이는'이라는 표현을 쓰는 바람에 읽는 사람은 잘못 읽거나 틀리게 읽게 된

다. '이는(which)'은 뒤에 오는 명사에 대한 정보를 덧붙이지만 '이것 (that)'은 문장에서 지칭하는 문장의 의미를 제한하기도 한다.

→ **명확하게:** 이 장치에서는 단 하나의 접속만 가능하며 그렇기 때문에 문제가 발생한다. 또는 단 하나의 접속만 가능할 때 문제가 발생한다.

애매한 언급: 후원기업들은 다양한 위원회 모두에게 가이드라인을 제공한다. 위원회들은 부서별 차이에 대처하기 위해 자체적인 프로젝트팀을 조직할 예정이다. 이들은 체계와 마감일, 예산 등을 설정한다. '이들'은 누구인가? 후원기업인가, 위원회인가, 또는 프로젝트팀인가?

→ **명확하게:** 후원기업들은 다양한 위원회 모두에게 가이드라인을 제공한다. 위원회들은 부서별 차이에 대처하기 위해 자체적인 프로젝트팀을 조직할 예정이다. 위원회들은 또한 체계와 마감일, 예산 등을 설정할 예정이다.

적절한 아이디어는 강조하자

이메일에서 가장 중요한 아이디어를 강조하는 방법에는 여러 가지가 있다.

- 정보를 제목에 넣는다.
- 정보를 메시지의 앞쪽으로 배치한다.
- 정보를 머리말에 넣는다.
- 단어나 구절을 굵은 글씨체나 대문자로 쓰거나 밑줄을 긋는다.
- 클라이맥스형 문장을 사용한다.

간단히 말해 클라이맥스형 문장(또는 도미문掉尾文이라고도 한다)은 병렬식 구조를 이룬 요소들이 열거된 다음, 마지막에 주요절을 두어 문장을 마무리하는 형식이다. 즉, 가장 중요한 정보나 아이디어가 마지막에 가게 되는 것이다. 두 번째로 중요한 정보나 아이디어는 시작부분에 들어간다. 중요치 않은 조항이나 어구는 중간에 머문다. 다음과 같은 예시들은 이메일을 쓰는 사람이 어떻게 강도를 조절하는지, 그리고 이메일을 읽는 사람은 특히나 속독을 할 때 어떤 아이디어들을 '뽑아낼' 가능성이 높은지 보여준다.

글을 쓸 때 문장에서 정보를 넣는 위치는 연설을 할 때 음조를 조절하는 위치와 같다.

벤은 다음 달에 자주 여행을 갈 것으로 계획하고 있기 때문에, 우리의 연말보너스를 6주 먼저 주려고 준비하고 있습니다.

여행이 아닌 조기 보너스 지급을 강조함

벤은 우리의 연말보너스를 6주 먼저 주려고 준비하고 있어요. 그가 다음 달에는 자주 여행을 갈 것으로 계획하고 있기 때문입니다.

조기보너스가 아닌 여행을 강조함

아마 알고들 있겠지만 부사장은 아직 그 어떤 보너스도 승인하지 않았어요. 하지만 벤은 우리에게 지급할 모든 자금이 명절 전에 전해질 수 있는지 확인하고 싶어 합니다.

명절 전에 돈을 받게 됨을 강조한다. 두 번째로는 '부사장이 보너스를 승인하지 않았다'를 강조하고 있다. 중요치 않은 부분은 '여러분은 부사장이 아직 보너스를 승인하지 않았다는 사실을 알고 있을 것이다'가 된다

벤은 우리에게 지급될 자금들이 명절 전에 전해질지 확인하고 싶어 해요. 그러나 부사장은 아직 그 어떤 보너스도 승인하지 않았음을 꼭 명심하세요.

보너스 문제는 확실치 않음을 강조함

앞의 설명과 사례가 복잡하다고 느꼈다면 그 이유는 이렇다. 여러분은 이메일을 쓴 사람이 아니라 그저 읽은 사람이기 때문에 복잡한 것이다. 그리고 이것이 바로 이메일의 문제점이다. 이메일을 쓰는 사람으로서 여러분은 상황을 이해하고 있다. 이메일을 쓰면서 아마도 여러분은 마음속으로는 그 단어들을 발음하면서 목소리를 바꿔보고 있을 것이다. 따라서 구두점을 빼먹는다 해도 그리 큰 문제는 되지 않는다. 여러분은 스스로가 무엇을 뜻하는지 이해하니까. 단어에 강조와 의미를 더하기 위해 억양을 더하거나 잠시 말을 끊기도 할 것이다.

그러나 이메일을 읽는 사람들은 그 상황에 아무런 준비 없이 들어오게 된다. 그 누구도 수신자에게 이메일을 큰 소리로 읽어주면서 적절한 위치에서 억양을 바꾸고 잠시 멈춰주지 않는다. 따라서 이메일을 쓴 사람이 구두점을 올바른 위치에 찍어야 한다. 만약 구두점을 생략하거나 잘못된 위치에 단어를 넣는 바람에 필요한 내용을 강조하는 것에 실패한다면, 이를 읽는 사람은 요점을 놓치게 된다.

긴 타래에서는 이메일 제목을 바꾸자

동일한 주제를 다루고 있는 한 이메일 제목을 그대로 유지해야 한다는 것은 당연하다. 그러나 가끔 처음의 주제가 새로운 주제를 낳고, 이를 깨닫기도 전에 그 새로운 주제가 세 번째 주제로 갈라지기도 한다. 11번의 답장을 쓰고 난 뒤 누군가는 원래의 제목이 이후에 이뤄진 논의와는 전혀 상관없어졌음을 깨닫게 된다.

하나의 타래에서 이렇게 '제멋대로 뻗쳐 나간' 논의는 다음과 같이 여러 이유에서 문제를 야기한다.

- 이메일에서 논의된 주제와 제목이 일치하지 않기 때문에 데이터베이스에 저장된 개별정보나 이메일을 다른 곳으로 옮기기가 어렵다.
- 관련 없는 제목을 가진 후속 이메일들이 새로운 수신자들에게 보내졌을 때 혼돈을 일으킬 수 있다.
- 타래의 일부만 선정해서 포워딩하려 할 때 관련 없고 혼란스러운 정보가 만들어진다.
- (원 작성자에 대한 고려 없이) 이메일 타래가 새로운 수신자들에게 전달됐을 때 보안문제가 발생할 수 있다.

따라서 주제가 바뀔 때는 그에 따라 제목도 변경해야 한다. 그리고 타래의 주제가 실질적으로 변했다면 좀 더 적합한 제목을 달아서 새로운 이메일을 쓰기 시작하자.

상대가 약어를 제대로 이해했는지 확인하자

이메일상의 약어는 기술문서상의 약어와는 달리 언제나 동일한 목적을 가지고 쓰이는 것이 아니다. 물론 두 경우 모두에서 약어는 개념을 표현할 수 있는 간단한 방법이다. 그러나 이메일 사용자들 사이에서는 약어를 공유하는 것이 공동체와 문화를 공유하는 문제가 된다. C.C(Carbon Copy, 참조), B.C.C(Blind Carbon Copy, 숨은 참조), K(OK), ASAP(AS SOON AS POSSIBLE, 가능한 빨리 부탁한다), FYI(For Your Information, 참고하세요), EOM(End Of Message, 메시지의 끝) 등은 이메일을 읽는 사람이 '인싸(insider)'처럼 느껴지게 만들 수 있다. 이는 동지애를 쌓을 수 있다는 점에서 좋다.

그러나 기술적 주제로 이메일을 쓸 때 약어는 이차 수신자들을 완전히 어리둥절하고 짜증나게 만들면서 소외감을 안겨줄 수 있다. 청중을 잘 파악하자. 그리고 친숙하지 않은 용어는 그 뜻을 분명히 밝히자.

간결해지게
교정하자

이메일이 짧을수록 이를 쓰고 읽는 데에 더 짧은 시간이 걸린다. 다음의 두 가지 메시지를 비교해보자.

버전1 : 어제 우리가 인터뷰한 지원자는 그 업무에 전혀 맞지 않아요.

버전2: 어제 제가 말했던 지원자가 그 자리에 올 수 있길 바랐지만 실망하고 말았어요. 사실 인터뷰가 끝난 후에 우리 팀원들은 서로의 평가를 비교해봤고 그가 여러 가지 이유로 그 업무에 전혀 맞지 않다는 결론을 내렸어요. 관심 있다면 그 이유들을 설명해드릴게요. 이 문제에 대해 더 깊이 논의해보거나 그에게 다른 업무를 줄지 여부를 고려해보고 싶다면 알려주세요. 하지만 현재 다른 업무 마감들로 압박을 받는 와중에 가장 신경쓰지 않아도 되는 문제라고 봅니다.

버전1처럼 짧은 문장이 더 강력한 메시지라고 생각한다면, 나도 같은 생각이다. 이메일에 더 많은 단어를 쏟아 부을수록 여러분의 메시지가 약해질 가능성은 더 커진다.

간결성은 스피드를 높여주고 때론 명확성도 더해준다.

강한 느낌의 동사를 사용하고
수동태를 능동태로 바꾸자 (영어 이메일)

절節은 없애고 '~이/가 있다/있었다' 또는 '~이다/이었다' 등으로 시작하는 문장에서는 이 동사들을 제거하자. 영어 이메일에서 who, which, that 등 관계대명사로 시작하는 절은 더 중요한 개념 안으로 합쳐질 수 있다.

약하게(14단어): 우리가 고객에게 통보할 수 있게 되기 전에 그 프로젝트에 대해 해결해야 할 여러 문제들이 있습니다.

→ **강하게(11단어):** 우리는 고객에게 통보하기 전에 그 프로젝트에 대한 여러 문제를 해결해야만 합니다.

약하게(10단어): 실라 피츠제럴드는 보이스의 고객으로, 언제나 7일 이내의 배송기간을 끈질기게 요구합니다.

→ **강하게(9단어):** 보이스의 고객인 실라 피츠제럴드는 언제나 7일 이내의 배송기간을 주장합니다.

능동태 구조에서 주어는 그 문장을 행동으로 행한다. 수동태 구조에서 주어는 아무것도 하지 않고 단순히 행동을 받아들일 뿐이다. 즉, 주어에게 무슨 일이 벌어졌다는 식이다.

수동태(9단어): 그들의 재무구조는 올해 본사에 의해 두 차례 감사 대상이 됐습니다.

→ **능동태(7단어):** 본사는 올해 그들의 재무구조를 두 차례 감사했습니다.

수동태(7단어): 보고서는 제이 서콘에 의해 마케팅 매니저에게 제출 됐습니다.

→ **능동태**(6단어): 제이 서콘은 마케팅 매니저에게 보고서를 제출했습니다.

수동태(6단어): 유니버설이 계약을 종료하는 것이 권장되는 바입니다.

→ **능동태**(4단어): 유니버설은 계약을 종료해야만 합니다.

수동태(11단어): 제임은 이미 한 달 이상 전에 매니저에 의해 그 교육에 등록됐습니다.

→ **능동태**(8단어): 매니저는 한 달 이상 전에 제임을 그 훈련에 등록시켰다.

12단어를 쓰느냐, 6단어를 쓰느냐가 큰 문제냐고? 아니, 문장을 딱 하나만 쓸 때는 전혀 문제가 되지 않는다. 그러나 모든 문장이 15%에서 25% 정도 늘어난다면 이메일 길이에 따른 총 분량이 15%에서 25%까지 늘어난다. 그러면 여러분의 수신목록에 올라와 있는 모든 사람에게 이메일 읽는 시간이 늘어나게 되는 것이다.

소소한 말의 잡동사니는 빼고 불필요한 중복은 없애자

명사와 동사는 문장의 뼈대 역할을 한다. 그러면서 여러분 메시지의 '근육'을 받쳐준다. 이 둘은 설사 틀린 내용이라 하더라도 사실적이고 권위적으로 들린다. 형용사와 부사는 지방을 덧붙여준다. 이러한 의견어opinion word들은 강조를 하거나 허점 또는 함정이 되는 등의 역할을 한다. 다음의 예를 보자.

이 경험은 우리가 타이슨 프로젝트 같은 것들에 입찰하는 경우에 있어서만 도움이 되는 것으로 밝혀졌습니다.
→ 이 경험은 타이슨 프로젝트 같은 입찰에 한에서만 도움이 되는 것으로 밝혀졌습니다.

우리 지사장은 절대로 싫다는 대답을 하지 않는 유형의 여성이에요.
→ 우리 지사장은 절대로 싫다고 하지 않아요.

셸비는 퇴사를 하게 됐으며 여기에는 수준 이하의 월급, 적대적 문화, 깐깐한 상사, 요구사항 넘치는 고객 등 다양한 요소가 작용했습니다.
→ 셸비는 수준 이하의 월급, 적대적 문화, 깐깐한 상사, 요구사항 넘치는 고객 등의 이유로 퇴사했습니다.

첨부된 템플릿은 그 보고서를 준비하는 데에 있어서 당신의 편의를 돕기 위한 용도입니다.
→ 첨부된 템플릿은 그 보고서를 준비하는 용도입니다.

불필요한 중복은 다양한 형태로 나온다. 예를 들어 불필요하게 중복되는 명사 '그 이유는 무엇이냐 하면, 그 까닭이 무엇이냐 하면, 방법과 방식들, 분리된 별개의, 주제사항, 목표이자 목적, 시간이라는 기간, 빨강이라는 색상, 현재 이 시점에서, 사이즈상 크게, 모양상 길쭉한, 58km라는 거리, 500단어라는 길이, 숫자상으로 작은, 600달러의 액수, 5월 한 달 동안에, 여름의 계절에, 다른 무엇보다도 더' 등이 있다.

또한 불필요하게 중복된 개념으로 '그 어떤 모든, 일반적인 원칙으로서, 근본적인 기본원칙, 대안적인 선택, 중요한 요점, 심각한 위기, 필수적인 필요 요건, 가까이에서 함께, 최종 결과, 현재 상태, 최종적인 결과, 미래 계획, 무료 선물, 과거 경험, 지나간 역사, 새로운 돌파구, 가까운 근접성, 합동 파트너십, 결정적인 확증, 솔직한 진실, 사전경고, 시야에서 사라져 보이지 않게 되다, 그 뒤를 쫓아 따라간, 해외에서 수입한, 마찬가지로 동일한, 두 개로 동등하게 양분한, ~임을 나타내는 증상, 완전하게 사방을 둘러싼, 여러분이 아는지 모르는지 간에, 이 특별한 사례, 완전히 똑같이 동일한, 정확하게 옳은, 아무 가치 없이 무효인, 계속 지속된다, 함께 무리 지어진, 함께 합류하다, ~을 다시 회부하다, 시험 삼아 시도하다, 미래에 대비해 계획하다, 다시 한번 되풀이하다, 결론적으로~에 이르다, 활짝 펴놓다, 완전히 취소하다, 등그렇게 순화하다, 널리 배포하다, 여전히 계속 남아 있다, 아직도 계속 버틴다' 등이 있다.

이메일상의 불필요한 중복은 집중을 방해할 수 있다. 그러나 타당한 목적을 지닌 반복도 존재한다. 바로 강조를 목적으로 하는 것이다. 예를 들어 다음과 같다.

이 업무에 입찰하는 것은 시간과 돈을 낭비하는 일이었습니다.

→ 이 업무에 입찰하는 것은 **완전히** 시간과 돈을 낭비하는 일이었습니다.

지난 분기 데지레의 실적이 줄어들었음을 인지했습니까?

→ 지난 분기 데지레의 실적이 줄어들었음을 **분명** 인지했습니까?

간결하게 교정하기 위한 이 모든 원칙을 한꺼번에 적용할 수 있다면 여러분의 이메일은 30% 혹은 그 이상 간단해지고 가독성까지 높아질 것이다. 아래 예시를 살펴보자.

To : _____

Subject : 우리 후원자님들께

제가 7시크릿을 대표해 지난 몇 년간 보여주신 그 아낌없는 후원에

감사의 말을 전할 수 있어 영광입니다. 여러분의 후원은 우리 공동체를 바꿔놓을 수 있는 큰 힘이 되었습니다! 우리는 인생과 가정, 공동체를 변화시키려는 의지를 품은 빛과 사랑의 횃불이 되었습니다. 지난 5년간 49채의 집을 짓고 8만 8,720명의 어린이에게 학용품을 제공했으며 우리 돌봄 센터를 통해 31만 7,117명에게 음식과 옷을 제공했습니다. 또한 봉사자들이 결집해 우리 지역사회에 30만 시간 이상을 쏟고 1,200만 달러 이상을 투자할 수 있었습니다. 여러분은 엄청난 축복과도 같은 분들입니다. 여러분이 10월 15일 브롬웰 자선의 날에 우리와 함께 그 선한 영향력을 계속 보여주실 수 있길 바랍니다!

감사합니다!

98단어

▶ 개요와 전환용 문장이 신속한 초안작성과 빠른 읽기가 가능하도록 방향을 설정해준다.

To :

Subject : 우리 후원자님들께

7시크릿이 우리 공동체를 바꿀 수 있도록 도와주신 여러분의 후원에 감사드립니다. 지난 5년간 우리는 함께 49채의 집을 짓고 어린이 8만 8,720명에게 학용품을 제공했으며 31만 7천 명 이상의 사람들에게 음식과 옷을 제공했습니다! 우리 공동체에 투자된 금액은 모두 1,200만 달러 이상이 됩니다. 여러분은 축복입니다. 우리가 10월 15일 브롬웰 자선의 날에 여러분을 다시 볼 수 있길 기대합니다.

감사합니다!

57단어, 42% 축약

▶ 간결성은 효과를 높인다.

잡동사니를 쳐내는 일을 숨겨진 단어 찾기 퍼즐을 해결하는 일이라고 생각해보자. 터무니없는 글자들이 종이 전체에 가로세로로 배열되어 있고, 여러분의 임무는 그 미로 안에 숨겨진 단어들을 찾아내어 동그라미를 치는 것이다. 이메일 속 장황한 표현을 제거해 나가기 위해서는 몇 분 몇 초가 더 소요될 수도 있다. 하지만 이러한 투자 덕에 커뮤니케이션 과정에 있는 모든 사람들로부터 기대한 성과를 거둘 수 있을 것이다.

명료성으로 이어지도록
문법을 교정하자

올바른 문법은 명료성으로 이어진다. 문법규칙은 글쓰기에서 장애물이 아니라 도움을 제공한다. 운전 '규칙'이 안전하게 운행하고 교통사고를 방지하는 데에 도움이 되는 것과 똑같다.

잘못된 문장: 그 마감일자는 제게 괜찮고 당신이 휴가에서 돌아오면 그때 만나요.

→ **올바른 문장:** 그 마감일자는 제게 괜찮습니다. 당신이 휴가에서 돌아오면 그때 만나요.

잘못된 문장: 캐리의 업무는 6월에 끝이 났고 하지만 그녀는 7월에 계약업자로서 우리와 함께 일하려고 동일한 업무로 돌아왔어요.

→ **올바른 문장:** 캐리의 업무는 6월에 끝났어요. 그러나 그녀는 7월에 계약업자로서 우리와 함께 일하려고 동일한 업무로 돌아왔어요.

설명어를 적절한 위치에 넣는 것이 중요하다. 설명하는 단어와 구는 설명의 대상이 되는 명사 또는 대명사에 가능한 한 가까이 위치해야 한다. 그렇지 않은 경우 이메일을 읽는 사람들에게 혼란 또는 웃음거리를 안겨줄 수 있다.

잘못 위치한 설명어: 종이제품들 위에 방수포를 덮은 채 트럭은 밤새 주차장에 서 있었어요.

트럭이 종이제품 위에 방수포를 덮어줬을까?

→ **올바른 위치의 설명어:** 종이제품들 위에 방수포를 덮은 채 작업자들은 트럭을 밤새 주차장에 세워 두었어요.

잘못 위치한 설명어: 밥은 우리에게 6월에 새로운 사무실이 이전할 준비가 될 거라고 말했어요.

밥이 이야기한 시점이 6월인가, 아니면 사무실이 이전할 준비가 된 것이 6월인가?

→ **올바른 위치의 설명어:** 밥은 우리에게 새로운 사무실이 6월이면 이전할 준비가 될 거라고 말했어요.

불완전한 문장(파편)은 이메일에서 유용하게 잘 쓰인다. "받음", "월요일에 제대로 답하겠음", "아니", "네 생각은?", "할 수 있어!"라는 식이다.

여러분의 평판을 해치는 문법적인 실수는 문장을 쓰려고 했음이 분명한 상황에 파편화된 문장을 남기는 것이다. 보통 문장의 남은 부분은 파편이 된다. 동사가 없기 때문이다.

의도치 않은 파편화: 덴버 부서는 그 이슈와 관련해 소비자들을 교

육하는 최초의 운전시험을 계획함으로써

덴버 부서가 어떻다는 말인가?

→ **완전한 문장:** 덴버부서는 그 이슈와 관련해 소비자들을 교육하는 최초의 운전시험을 계획함으로써 전국적으로 잘 알려지게 됐습니다. 또는 덴버 부서는 그 이슈와 관련해 소비자들을 교육하는 최초의 운전시험을 계획했다.

의도치 않은 파편화: 스포츠팀의 소유주는 조직 내 그 누구보다도 가장 지원을 아끼지 않는 것으로 널리 알려진

소유주가 어떻다는 거지?

→ **완전한 문장:** 스포츠팀의 소유주는 조직 내 그 누구보다도 가장 지원을 아끼지 않는 것으로 널리 알려져 있지만 참석하지 않았습니다. 또는 스포츠 팀의 소유주는 조직 내 그 누구보다도 가장 지원을 아끼지 않는 것으로 널리 알려져 있습니다.

동일한 아이디어들은 형태를 일치시키자

손쉽게 훑어볼 수 있도록 이메일을 작성할 때는 목록을 자주 활용하게 된다. 이는 여러분이 쓴 문장과 목록상의 항목들이 병렬된 형

태, 즉 대등한 구조로 쓰여야 한다는 의미다. 예를 들어, 항목들은 모두 구절이거나 완전한 문장이어야 한다는 것이다. 혹은 모두 동사로 시작하거나, 모두 명사로 시작해야 한다. 목록상 항목들의 형태가 일치해야만 이러한 패턴들이 효과적으로 쓰일 수 있다.

→ **비병렬적 목록:** 여러분의 모든 디바이스에 이 화이트 페이퍼를 자유롭게 다운로드 받으세요. 우리는 다음과 같은 관련 있는 주제들을 논의할 예정입니다.

– 공학도들은 미래에 어떤 매트릭스를 쓸 것인가?

– 여러분이 회원으로서 얻게 될 재정적 이익과 혜택

→ **병렬적 목록:** 여러분의 모든 디바이스에 이 화이트 페이퍼를 자유롭게 다운로드 받으세요. 우리는 다음과 같은 관련 있는 주제들을 논의할 예정입니다.

– 공학도들을 위한 매트릭스

– 재정적 이익과 혜택

병렬법은 문장에서도 중요시된다. 대등하지 않은 아이디어들은 다음과 같은 오독으로 이어진다.

→ **비병렬 구조:** 테스트 장소로 고려해봤을 때 현장사무소는 적합한

장비와 성과를 안정화시켜야 하는 것을 필요로 하며 이들은 완료보고서를 보관하고 있어야 합니다.

여기서 언급된 기준은 몇 가지인가? 둘? 셋?

→ 병렬 구조: 테스트 장소로 고려해봤을 때 현장사무소는 적합한 장비, 안정적인 성과, 그리고 완료보고서의 보관 등이 필요합니다.

모든 항목이 일치함

주어와 동사가 호응하도록 만들자

주어와 동사는 단수든 복수든 그 형태가 일치해야만 한다. 주어와 동사 사이에 여러 가지 단어들이 올 때 또는 주어가 문장의 앞부분(일반적인 위치)이 아닌 뒷부분에 있을 때 실수가 자주 발생한다.

틀린 문장: 자산관리사와 중개인, 투자자, 그리고 기타 현직자들은 회의가 진행되고 있는 도중 새로운 정책에 대해 열심히 노력하는 것이 언제나 주저됩니다.

→ 옳은 문장: 자산관리사와 중개인, 투자자, 그리고 기타 현직자들은 회의가 진행되고 있는 도중 새로운 정책에 대해 열심히 노력하는

것을 언제나 주저합니다.

틀린 문장: 지난주에 시카고에서 열린 무역박람회에는 내년도 우리 제품에게 완벽하게 어울리는 전시부스가 설치<u>했</u>습니다.

→ 옳은 문장: 지난주에 시카고에서 열린 무역박람회에는 내년도 우리 제품에게 완벽하게 어울리는 전시부스가 설치<u>됐</u>습니다.

올바른 대명사를 선택하자

가장 어처구니없는 대명사 오류의 사례가 몇 주 전 내 받은 메일함에 등장했다. 한 이메일 마케터가 보낸 이메일로, 첫 줄이 이렇게 시작하고 있었다. "더운 여름, 저(Me)와 저희 팀(My team)은 다음과 같은 내용을 권해드리고 싶습니다." 정말 창피한 일이다.

잘못된 문장인 이유는 첫 번째로 저(Me)와 저희 팀? 두 가지 문제가 여기 존재한다. 우선, '저(Me)'는 절대로, 정말 절대로 문장의 주어가 될 수 없다. 아니, 절대 그래서는 안 된다. 그 어떤 문장에서도 '나를/나에게(Me)'와 '나(I)' 사이에서 주어를 선택해야 한다면 '나(I)'가 올바른 선택이다. 두 번째로, 다른 사람보다 나를 먼저 내세우는 무례함을 저지르지 말자. 올바른 구성은 '우리 팀과 나', '민

디와 나', 또는 '고객과 나'다. 여러분은 이 사람들을 저녁식사에 손님으로 초대했다면 이들보다 먼저 뷔페 줄에 서려고 서두르지 않을 것이다. 그렇지 않을까? 내 생각은 그렇다. 그러니 구절에서도 여러분을 다른 사람보다 앞에 두지 말자. 언제나 다른 사람들을 앞세우는 것이 옳다.

이제는 적절한 '나를/나에게(Me)'의 사용에 대해 생각해보자. 이는 목적어로 쓰이는 대명사이기 때문에 문장에서 뭔가의 '목적'으로 작용해야 한다. 즉, 직접목적어, 간접목적어, 그리고 전치사적 목적어를 의미한다.

이 계약에 대한 여러분의 생각을 제게 알려주세요.

고객은 시스템 구축을 위한 가이드라인을 브라이언과 저에게 보내왔습니다.

저희 상사는 태미와 제가 세 명의 우수후보자와 인터뷰하기를 기다리고 있습니다.

나를/나에게(Me)를 제자리에 쓸 수 있기 위해 기억하면 도움이되는 소소한 요령이 있다. 다른 사람들을 다 제외한 후 그 문장을 혼잣말로 읽어보는 것이다. 귀로 들어보면 올바르게 선택하는 것

에 도움이 될 것이다. 예를 들어, 위의 문장에 대해 다음과 같이 말하는 사람은 없을 것이다.

고객은 시스템 구축을 위한 가이드라인을 저는 보내왔습니다.
저희 상사는 저를 세 명의 우수후보자를 인터뷰하기를 기다리고 있습니다.

'자신(Self)/나(Me)'이라는 대명사는 재귀대명사 또는 강조대명사라고 불린다. 이 용어 자체가 설명해주듯, 이러한 대명사들은 문장에서 이미 언급된 누군가를 다시 한번 나타내거나 그 사람을 강조한다는 의미다.

직원이 아니라 그 자신이 계약서에 서명을 했습니다.
저 자신은 투자를 선호하지만 제 익명의 동업자는 추진여부를 아직 결정하지 못했습니다.
저 자신은 매트가 그 프로젝트를 진행할 것임을 믿지만 제 상사는 그렇지 않습니다.

재귀대명사와 관련해 가장 빈번히 벌어지는 실수는 간단하게 '나'를 쓸 자리에 '나 자신'을 사용하는 것이다.

틀린 사용: 에이미와 제 자신이 처방받은 다이어트 보조식품은 도움이 됐습니다.

→ **옳은 사용:** 에이미와 제가 처방받은 다이어트 보조식품은 도움이 됐습니다.

틀린 사용: 매니저는 리더십 팀과 제 자신에게 추가적인 교육을 제안했습니다.

→ **옳은 사용:** 매니저는 리더십 팀과 제게 추가적인 교육을 제안했습니다.

그, 그녀, 우리, 그들(He, She, We, They)은 주격대명사다. 이들은 문장에서 주어의 역할을 한다. 그를/그녀를/우리를/그들을(Him, Her, Us, Them)은 목적격 대명사다. 이들은 문장에서 목적어의 역할을 한다(직접목적어, 간접목적어, 또는 전치사적 목적어).

문장 안에서의 품사나 그 기능이 기억나지 않을 때는 이를 도와줄 쉬운 요령이 있다. 다시 한번, 다른 사람들을 문장에서 제외한 후 올바르게 들리는 대명사를 선택하는 것이다. 대부분의 경우에는 맞는 답을 찾게 될 것이다.

틀린 문장: 제프는 마리사와 **나를** 뮤추얼펀드가 환매주문을 보류하거나 연기할 수 있다고 말했다.

→ **옳은 문장:** 제프는 마리사와 **내게** 뮤추얼펀드가 환매주문을 보류하거나 연기할 수 있다고 말했다.

다른 사람을 빼보자. "제프는 나를… 라고 말했다"라고는 하지 않는다.

틀린 문장: 본사 직원들이 베브와 안드레스, 그리고 **우리를** 소득신고서를 보관하기 전에 검토하라고 권장하고 있어요.

→ **옳은 문장:** 본사 직원들이 베브와 안드레스, 그리고 **우리에게** 소득신고서를 보관하기 전에 검토하라고 권장하고 있어요.

다른 사람을 빼보자. "본사 직원들이 우리를 소득신고서를 검토하라고…"라고는 하지 않는다.

틀린 문장: 감독관은 우리가 이를 그냥 테리와 당신, 그리고 **나는** 사이의 비밀로 묻으라고 제안했어요.

→ **옳은 문장:** 감독관은 우리가 이를 그냥 테리와 당신, 그리고 **나** 사이의 비밀로 묻으라고 제안했어요.

다른 사람들을 빼보자. "감독관은 우리가 이를 그냥 나는 비밀로 묻으라고…"

이 예시에서 '나'는 주격 대명사다. 둘 또는 그 이상의 사람들을 의미할 때 여기에 해당되는 대명사는 '우리'다. 귀로 들을 때 "우리는 사

이의"가 아니라 "우리 사이의"라고 말하게 된다. 따라서 여기에 맞는
목적격 대명사를 쓰면 "나 사이의"가 된다.

구두점은 명료성에
영향을 미친다

여러분은 얼마나 열심히 구두법을 지키는가? 다음에 나오는 글은
어느 자산관리자의 사무실로 받은 내용 그대로를 옮긴 것이다.

안녕하세요 하밋 에드가 뉴올리언스로 떠나기 전에 그와 회의를 할
수 있는지 알려줄 수 있나요 그는 다음 주 내내 컨퍼런스 때문에 자
리에 없고 그가 떠나기 전에 이 약속을 잡고 싶어 합니다 내게 알려
주시면 그와 확인해서 다시 회신해줄게요 그동안에 나는 당신이 원
하는 즉각적인 변화에 대해 논의하고 싶어요.

네 개의 온전한 문장에 구두점은 단 하나만 찍힌 것이다. 사람들
이 이토록 터무니없이 구두법 실수를 저지르는 이유는 '몰라서, 무
관심해서, 부주의해서' 등 아주 다양하다. 자기들이 무엇을 모르는

지도 모르는 상태이거나 구두법을 '사소한' 문제라고 생각한다. 또는 너무 급하게 일을 한 것이다. 그렇다면 글을 쓰면서 언제 구두점을 찍을지 신경 써야 하는 이유가 무엇일까? 그 이유는 세 가지다. 명료성, 이미지, 그리고 스피드 때문이다.

여러분의 상사가 "글리슨 고객하고는 어떻게 되어 가고 있죠? 다음번 회의로 거래를 마무리 지을 수 있을 것 같아요?"라고 이메일을 보냈을 때, "이들이 반응이 없는 이유가 뭐든지 간에"라고 답장을 보내면 상사는 자신이 미완성된 답장을 받았다고 생각하고 궁금해할 것이다. "그래서, 그 고객들의 침묵에 대해 무슨 말을 하려던 거죠?" 쉼표가 생략된 바람에 이 답장은 그저 아무 말이자 미완성된 생각처럼 들리게 된다. 하지만 쉼표를 정확히 찍는다면 뜻은 명료해진다. "이유가 뭐든지 간에, 반응이 없어요."

이제 무엇보다도 가장 문제가 되는 구두법 실수로 가보자. 좀 더 극적으로 느끼기 위해, 쉼표를 찍지 않음으로써 누군가의 커리어를 망치거나 회사에 수백 만 달러의 손해를 입힐 수 있다고 생각해보자. 법정 소송 역시 쉼표가 주는 혼란으로 인해 발생할 수 있다.

쉼표의 도전은 기본적으로 다음과 같이 요약된다. 사람들이 말할 때 본능적으로 하는 행동은 가끔 이들이 글을 쓸 때 혼란스럽게 만든다는 것이다. 이때 구두법은 여러분이 목소리의 억양을 그대로 종이 위에 옮길 수 있도록 도와준다.

좀 더 구체적으로 이야기해보자. 쉼표는 읽는 이에게 멈추라고 말한다. 쉼표가 없다는 것은 글을 읽는 사람이 계속 전속력으로 달려나가야 한다는 의미다. 만약 쉼표로 문장의 중간이나 끝부분을 분리한다면, 여러분은 읽는 사람에게 그 부분이 중요치 않다고 말하는 셈이다. 즉, 부가적인 정보를 주기는 하지만 이보다 앞서 나온 부분의 의미만큼은 필수적인 정보는 아니라고 말이다.

문장의 특정부분을 제거했더니 나머지 문장의 의미가 바뀐다면, 쉼표를 가지고 그 부분을 분리해서는 안 된다. 이 원칙을 다음과 같이 시험해보자. "실비아는 우리 제안서를 지난주 바레인의 고객에게 제출했는데, 이 제안서는 이길 가능성이 아주 높습니다."

쉼표를 찍어 뒤의 문장을 떼어놓을 필요가 있는가? 원칙을 적용해보자. 문장의 나머지 의미가 그 부분이 없어도 바뀌지 않는지 판단하기 위해 뒷부분을 제거하는 것이다. "실비아는 우리 제안서를 지난주 바레인의 고객에게 제출했다." 남아 있는 부분의 의미가 바뀌지 않는다. 그 결과 "이길 가능성이 아주 높은"이라는 절을 구분하기 위해 쉼표를 포함하는 것은 올바른 사용법이 된다. 이 절은 제안서에 대한 부가적인 정보만을 제공할 뿐 의미를 바꿔놓지는 않는다.

다음에 나오는 문장을 보고 여러분이 어느 부분에서 목소리를 바꾸고 어디서 멈출 것인지 생각해보자. 목소리 억양을 통해 구두점 찍는 법을 배워야 한다고 제안하는 것은 분명 아니지만, 이러한 장치는 문장의 의미를 판단하고 비필수적인 절을 분리해내기 위해 쉼표를 사용해야 함을 이해하는 것에 도움이 될 것이다.

"구두점에 무심하다는 것은 일반적으로 그 사람이 디테일에 부주의하다는 것을 보여주는 전조증상 같은 겁니다." 금융업계에서 포춘지 선정 100대 기업 중 한 곳의 CEO는 이렇게 말했다. "우리 고객들에게 그러한 실수는 우리가 그들의 채권을 제대로 상환하지 못할 거란 의미로 보이겠죠." 임원실에서 이러한 발언들이 나올 수 있기 때문에 이 전문인력들은 매일 동료들에게 날리는 이메일에 더 많은 신경을 써야만 할 것이다. 오래도록 영향을 미칠 이메일들일 테니까. 다음 문장의 흔한 실수들은 읽는 이들로 하여금 아차 싶게 만든다.

저는 동의해요 미셸 좋은 아이디어예요

→ 저는 동의해요, 미셸. 좋은 아이디어예요.

누군가의 이름을 부를 때면 이를 분리하기 위해 쉼표를 사용하자.

이 기사에서 알려주는 팁들이 마음에 들 거예요; 잭에 의해.

세미콜론은 완전히 다른 두 생각을 분리하는 역할이다. '잭에 의해'는 완전한 생각이 아니며, 이 문장에서는 마치 기자의 이름이나 기도 제목처럼 들린다.

→ 우리 쪽에서는 세 명의 직원이 가고 있어요(3 employee's

going)!

아포스트로피는 보통 소유격을 나타내지만 여기서는 아니다.

Employee 직원의 올바른 복수형은 *Employees*다.

너무 가혹하게 비판을 하려는 것은 아니다. 다만, 교통신호와 마찬가지로 구두점은 읽는 사람에게 구체적인 지시를 내리는 역할을 한다. 이를 부정확하게 사용하는 것은 어떤 차가 좌회전을 할 때마다 경적을 울리고 우회전을 하면서 왼쪽 깜빡이를 켜며 한 낮에도 하이빔을 켜고 다니는 것과 마찬가지로 멍청한 일이다. 잘못된 신호를 사용하는 운전자들은 안전상 위험을 초래한다. 잘못된 구두점이 쓰인 이메일은 명료성을 해치는 위험을 초래한다.

명쾌한 커뮤니케이션을 하는 사람이 되고 싶다면, 구두법을 지키도록 하자. 부적절한 구두점이 내 이미지를 망칠 수도 있으니까 말이다.

과한 느낌표는 생략하자

구두법과 관련해 한 가지 더 주의해야 할 점이 있다. 느낌표가 과하게 붙지 않도록 잘 자제해야 한다는 점이다. 문장은 반드시 구두점 하나로 마무리하자. 한 개의 마침표, 물음표, 아니면 느낌표여야 하는 것이다. 그러나 SNS와 문자메시지를 보내던 습관이 캐주얼한 이메일의 영역까지 침범하고 있다. 캐주얼한 이메일을 쓰는 사람들은 감정을 흉내 내기 위해 점차 더 과하게, 느낌표를 마치 색종이 조각 흩뿌리듯 문장 끝에 덧붙인다. "총회가 여러분의 기대에 부응할 수 있길 바랍니다!!!"라는 식이다.

부정적인 감정을 표현할 때 과한 느낌표는 여러분이 마치 걷잡을 수 없이 화를 내는 것처럼 보이게 만든다. "저는 고객과 화요일에 하기로 한 회의에서 '감사' 문제를 의제로 올리는 것은 현재의 초기 단계에서는 완전히 부적절하다고 생각합니다!!!!"

진지한 이메일에서는 느낌표 하나로 충분하다.

이메일을 쓰는 사람들에게 문법은 책 전체에 펼쳐진 널따란 지뢰밭과 같다. 실제로 나는 이 주제로만 두 권의 책을 쓰기도 했다. 만약 여러분이 이메일 발송 버튼을 누를 때마다 일반적인 문법과 특히나 구두법이 여러분의 개인 브랜드를 갉아먹는다고 느껴진다면, 『부허의 비즈니스 문법 법칙: 가장 흔하게 저지르는 실수를 고치는 빠르고 쉬운 101가지 방법Booher's Rules of Business Grammer: 101 Fast and Easy Ways to Correct the Most Common Errors』을 읽어보자. 형편없는 문법은 지독한 입냄새와 같다. 가장 친한 친구조차 당신에게 얘기해줄 수 없으니까.

앞서 MADE 포맷™에 대한 논의에서 여러분은 아마도 이메일이 친근한 수다를 떨 수 있는 방법은 아니라고 결론 내렸을 수도 있다. 꼭 그렇지만은 않다. 얼굴을 마주한 커뮤니케이션처럼 이메일은 친밀함과 인연을 쌓는 데에 도움이 될 수 있다. 그러한 경우 여러분은 허물없는 문체를 사용하면 된다. 하지만 여러분이 잘 아는 동료들조차 받은 메일함 때문에 쩔쩔 매고 있을 것이다. 장황한 만담을 읽느라 이들은 가족과 취미, 휴가, 잠, 기타 등등으로 돌아가기 전에 반드시 끝마쳐야 할 다른 프로젝트에 쓸 시간을 빼앗기게 될 테니까.

그러니 문체를 교정할 때면 인간관계에 대해서만 생각하지 말고 주제, 어조, 그리고 목적에 대해서도 고려하자.

고객에게 박람회 부스 초대장을 보낼 때 퉁명스러운 어조가 느껴지게 하고 싶지 않을 것이다. 그렇다고 해서 공급사에게 과다청구 문제로 이의를 제기하는 세 번째 이메일을 보내면서 수다를 떠는 듯이 보이고 싶지도 않을 것이다.

인사말과 끝인사는 어조에 가장 큰 영향을 미친다. 누군가를 이름으로 부르면 허물없고 친근한 어조가 만들어지는 반면에 성으로 부르면 격식 차린 어조가 된다. 이름을 모두 생략하는 것은 인간미가 없다는 느낌을 준다.

또한 영문 이메일을 쓸 때 어조에 영향을 미치는 끝인사에 대해서도 생각해보자. ('안녕히 계세요'와 '감사합니다' 정도로 마무리는 한국어 이메

허물없는 끝인사	좀 더 격식을 차린 끝인사
All the best	Best wishes
Best	With gratitude
Cordially	Thank you
Cheers	Thank you very much
Warm regards	Thank you for your help
Good luck	Regards
Talk soon	Sincerely
Thanks	Yours truly
Hugs	

일에 비해 영문 이메일에는 다양한 형태의 인사가 존재하기 때문에 이를 그대로 살렸다. - 옮긴이)

이메일의 주제: 단순한 주제를 가진 이메일이라면 단어 선택이나 문장형식은 편안해질 가능성이 높다. 복잡한 주제라면 단어선택이나 문장형식이 좀 더 정중해질 것이다.

이메일 수신자와의 관계: 이메일 수신자와 잘 아는 사이라면 이메일을 쓸 때 격식을 덜 차리면서 상황에 대해 상대방이 어느 정도 이해하고 있을 거라는 가정을 하게 된다. 그러나 더 광범위한 청중을 상대로 이메일을 쓸 때는 좀 더 형식적인 접근법을 취하면서 적절한 디테일을 제공함으로써, 여러분의 메시지 때문에 답보다 더 많은 질문이 생겨나지 않도록 해야 한다.

이메일의 목적: 여러분의 이메일이 장기적으로 어떻게 쓰일지를 고려하자. 검토, 개입, 항의, 보관, 또는 대응 등을 위해 변호사나 회계사, 정부 관계자 같은 외부 전문가에게 이메일이 포워딩될 것인가? 계속적인 참고자료로 쓰일 것인가? 이 경우 수신자를 잘 알더라도 이메일의 목적이 분명하 기 때문에 좀 더 형식적인 접근법을 취해야 한다.

이 모든 것들을 염두에 두고선 계획적으로 움직이자. 여러분이 상황에 맞는 적절한 문체를 갖추게 될 때까지 이메일을 교정하자. 예를 들어, 친근하고 격의 없는 이메일, 형식적인 이메일, 경박한 이메일들을 비교해보자.

To : _____

Subject : 교육생들에게

_____

이틀간 진행된 '일반직원들을 위한 리더십 프로그램'의 수료를 축하해요.

교육의 후속작업으로, 여러분의 상사에게 여러분이 더 많은 업무를 맡고 싶어 함을 알리세요. 시간이 있을 때마다 특별 프로젝트에 자원하세요. 잘 모르거나 보통은 교류하지 않는 사람들과 일할 수 있는 기회를 절대로 거부하지 마세요. 이러한 모든 경험들은 여러분이 장점을 드러내고 능력치를 높일 수 있는 기회가 됩니다. 이러한 새로운 인연 중 어느 누군가가 여러분을 생각지도 못했던 전혀 새로운 진로로 이끌어줄지도 몰라요.

다시 한번, 교육 수료를 축하해요!
잘 지내요.

디팩

▶ 사내에서 벌어지는 대부분의 상황에서 쓸 수 있는 친근한 문체.

To :
_____

Subject : 교육생들에게
_____

이틀간 진행된 '일반직원들을 위한 리더십 프로그램'의 수료를 축하합니다.

교육의 후속으로, 우리는 여러분이 상사에게 더 많은 업무를 맡는 데에 흥미가 있음을 알릴 수 있는 기회를 찾아보기를 제안합니다. 특별 프로젝트에 자원하세요. 보통은 교류하지 않는 타 부서 사람들과 일할 수 있는 기회를 절대로 거절하지 마십시오. 이러한 모든 경험은 여러분의 재능을 드러내고 능력치를 높일 수 있는 계기가 됩니다. 언젠가 이러한 동료들 중 한 사람이 여러분을 새로운 사내 진로로 이끌어줄 수도 있으니까요.

다시 한번, 여러분의 성취를 축하해요.
도움이 필요하면 연락주세요.

여러분의 교육팀 올림

▶ 다양한 청중, 사외 인사들, 그리고 특히 민감한 주제와 진지한 상황에서는 형식적인 문체를 사용하자.

To : _____

Subject : 안녕! _____

'일반직원들을 위한 리더십 프로그램'의 수료를 축하해요.

그래서 이제 업무로 복귀하니 어때요? 지루해요? 여러분이 싫어하는 일을 매일 쏟아내느라 지치나요? 상사에게 여러분이 다른 일을 하고 싶어 몸이 근질거린다고 말하세요. 시간이 있다면 특별 프로젝트를 하겠다고 손을 드세요. 사람 일은 절대 알 수 없어요. 보통은 마주치기 힘든, 다른 부서에서 비슷한 영혼을 찾게 될 수도 있으니까요. 그러니 한껏 능력을 과시하세요. 관심을 받으려고 아무 짓이나 하세요. 이런 친구들 중 누군가가 완전히 새로운 길로 여러분을 밀어 넣어줄 수도 있다니까요. 그러다가 결국엔 여러분이 65층까지 쭉쭉 올라갈 수도 있다고요!

우리가 뒤를 봐줄게요!

앤디

▶ 이러한 경박한 문체는 다양하고 넓은 청중에게로 가는 회사 이메일에는 적합하지 않다.

격의 없는 버전이나 형식적인 버전 모두 이메일로서 적절하다. 그러나 여러분이 정말로 친한 동료에게 쓰는 것이 아닌 이상 회사 이메일에서는 이 경박스러운 버전은 삼가도록 하자.

명료성, 간결성, 문법과 문체 등을 교정한 후에는 자신 있게 보내기 버튼을 눌러도 좋다.

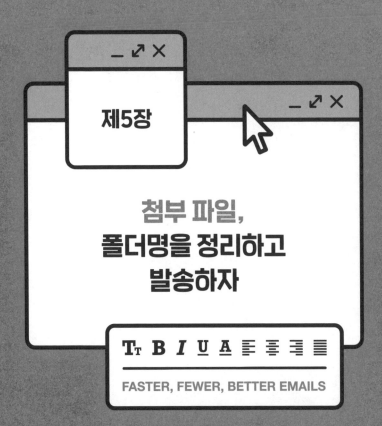

제5장

첨부 파일,
폴더명을 정리하고
발송하자

FASTER, FEWER, BETTER EMAILS

정리를 하지 않는 것의 이득 가운데 하나는 언제나 깜짝 놀랄 만한 발견을 하게 된다는 데에 있다.

— A. A. 밀른 A. A. Milne, 영국 작가이자 곰돌이 푸 시리즈의 창조자

내겐 파일들이 많아요. 컴퓨터 파일도 있고, 당신도 알겠지만 종이로 된 파일도 있어요. 하지만 대부분은 내 머릿속에 있어요. 그러니 내 머리에 무슨 일이 생기거든 신이여 도와주소서!

— 조지 R. R. 마틴 George R. R. Martin, 미국의 소설가이자 TV 연출가

우리가 이메일을 통한 부탁에 답하기 위해 파일을 첨부하거나 다른 정보들을 찾느라 얼마나 많은 시간을 낭비하는지 떠올려보자. 그러니까, '어딘가' 저장된 정보나 파일을 찾느라고 말이다. UNC 설문조사에 따르면 지식노동자의 40%는 이메일에 답장을 하면서 파일이나 정보를 첨부하기 위해 하루에 15분 이상의 시간을 소비하는 것으로 나타났다.

최근 내 동료 중 하나는 900명 이상의 회원이 가입되어 있는 비공개 페이스북 그룹에 다음과 같은 글을 남겼다. "계약직과 정규직을 어떻게 분류하는지에 대한 IRS(미국 국세청) 가이드라인에 대한

파일을 내 컴퓨터에서 찾으려는데 무슨 키워드로 검색하면 되는지 알려줄 사람? 지금 그 파일을 찾느라고 한 시간째 헤매고 있어요! 파일명도 생각 안 나고 어디에다 저장했는지도 기억이 안 나지만 어딘가 있긴 있는 걸 알아요. X라는 검색어랑 Y라는 검색어로도 찾아봤지만 아무것도 나오지가 않아요. 그거 말고 또 뭐라고 찾으면 될까요? 다른 검색 키워드 좀 알려줄 수 있나요?" 우리 대부분은 잃어버린 파일이나 폴더를 찾아다니는 검색자의 입장을 겪어봤다. 그이후로 자신의 정리체계를 좋은 쪽으로 개선하게 되는 사람들도 있다. 이러한 정리의 도전과제에 맞설 수 있다면 여러분은 이메일 때문에 겪는 문제의 큰 부분을 해결할 수 있게 될 것이다.

여러분의 파일이 지금부터 내가 제시할 방법들과는 완전히 다르게 저장되어 있다면, 아마도 이를 재정리하기 위해 반나절 정도를 써야 할 수도 있다. 하지만 장담컨대, 몇 주 안에 정보를 재배치하는 속도가 빨라지면서 그 시간을 보상받을 수 있을 것이다.

내 커리어 상에서 구조조정과 기업매입은 이러한 대규모 파일정리가 네 차례 가량 필요하게 만들었다. 나는 네 번 중에 세 번은 잠시 일을 중단하고 프레임워크를 구성했다. 이럴 때마다 걸리는 시간은 대략 서너 시간이었다. 그리고 며칠 지나지 않아 이러한 시간 절약은 나와 다른 팀원들에게 엄청난 보상을 안겨주었다.

또 다른 옵션도 있다. 재정리를 위해 서너 시간을 투자하지 않기로 결심했다면, 적어도 앞으로 작업할 서류들을 담을 새로운 폴더와 하위폴더 프레임워크를 준비하도록 하자. 그 후 파일을 하나씩 사용할 때마다 이를 새롭고 정확한 위치로 옮겨놓도록 하자. 이러한 두 번째 옵션은 전환 과정에서 살짝 더 혼돈스러울 수 있지만 효과를 발휘할 것이다.

폴더와 파일을 간소화하고 기능적으로 이름 붙이자

여러분에게는 회사 규모나 업계와는 상관없이 그냥 네 개의 주요 폴더만 있으면 된다. 대기업에 재직 중인 경우는 다음과 같은 식으로 여러 가지 디렉토리를 만들 수도 있다.

> 팀/사용자(팀원/사용자) > 제안서: 프로젝트, 서비스, 제품(팀의 성과) > 고객(사내외 고객) > 행정(회사 또는 부서 행정파일)

이 구조를 기억하기 쉽도록 해주는 축어나 '문장'을 원한다면, 이렇게 해보자. '팀은 제품과 서비스를 고객에게 제안하고 그 다음에 이를 행정처리한다.'

이 말은 피아노 연주자들이 악보 위의 음표를 외우기 위한 기억술인 '도는 하얀 도화지, 레는 둥근 레코드, 미는 파란 미나리'라든지, 군인들이 전투상황에서 행동방향을 판단하기 위해 사용하는 METT(Mission-Enemy-Terrain/weather-Troops/equipment 임무, 적, 지형 및 기상, 가용부대)와 흡사하게 작용한다.

예를 들어, 여러분이 입력한 정보가 회사 바깥쪽과 상관이 있다면 그 파일들은 앞서 이야기한 네 가지 주요폴더 하에서 다음처럼 보이게 될 것이다.

팀/사용자

조던

킴벌리

제안서: 프로젝트, 서비스, 또는 제품

알츠하이머 또는 기타 치매치료

호스피스 지원

개인 돌봄 서비스 : 교통, 잡무

고객

의사 진료실

응급케어센터

병원 체계

개인별

행정

혜택

컨퍼런스, 웹세미나(기록)

재무

IT

회의 의제(월별/직원별)

정책 및 절차

마지막 부분으로 아이템을 보내고 싶다면 ZZZ를 붙여주자.
알파벳순으로 자동정렬 되는 것을 무시하려면 해당되는 폴더들을 한꺼번에 선택해서 이를 기나긴 목록의 마지막 부분으로 옮기자. 그 후 제목의 앞부분에 Z를 하나부터 세 개까지 붙이면 된다. 이렇게 말이다.

상태 보고서 Status Reports

공급업체Suppliers

교육&웹캐스트 Training & Webcasts

Z__양식 Forms

ZZ_응용 Application

ZZZ_가이드라인 Guideline

완료된 파일을 옮길
아카이브 폴더를 만들자

아카이브 폴더는 자료를 디지털화하여 한데 모아서 관리할 뿐만 아니라 그것들을 손쉽게 검색할 수 있도록 모아 둔 파일을 말한다. 업무에 사용될 새로운 폴더를 만들기로 결심했거나 또는 오래된 폴더들을 정리해서 지우거나 새로운 곳으로 옮길 여유가 생길 때까지 지금 정리된 상태 그대로 놔두고 싶다면 그 전환기 동안 다음에 나오는 해결책을 활용할 수 있다.

'Z_(000년 0월 0일)기록보관소'라는 이름의 폴더를 만들어내자. 그후 현재의 모든 폴더를 이 폴더로 옮기자. 그리고 파일이 필요할 때마다 이를 '(000년 0월 0일)기록보관소' 폴더에서 찾아서는 적절한 새 폴더로 옮기면 된다.

이것이 여러분의 폴더를 다시 정리하기 위한 가장 효과적인 방법은 아님을 잊지 말자. 처음에는 파일 하나를 찾느라 아카이브 부문과 새로운 부문 모두를 뒤져봐야 할 수도 있다. 그러나 결국 여러분이 자주 사용하는 모든 폴더들은 현 사용 부문으로 옮겨지게 될 것이다. 그리고 나면 여러분이 거의 사용하지 않는 파일들만 아카이브 부문에 남게 된다. 어느 순간 여러분은 30분만 들이면 아카이브 부문에 남아 있는 것들을 모두 현재 사용하는 위치로 옮기던지, 또는 더이상 필요하지 않으면 모두 지워버릴 수 있게 된다.

일관성을 위해
'장르' 개념을 도입하자

일관성 없는 제목을 가진 파일들의 정확한 위치를 찾으려고 애쓰는 것 역시 엄청난 시간을 낭비하게 만드는 또 다른 원인이 된다.

내 자산관리자 사무실에서 일하는 AE account executive(직원으로서 고객사와의 커뮤니케이션을 담당하는 사람)는 정기적으로 세 종류의 월간 보고서를 보내왔는데 매번 보고서 제목이 달라졌다. 처음 몇 달간 나는 닥치는 대로 이름 붙여진 이 보고서들을 그대로 저장했다. 매달 다른 종류일 것이라고 생각했기 때문이었다. 하지만 결국에는 이 보고서들이 그저 '오늘의 제목'을 단 똑같은 보고서임을 깨달았을 뿐이었다.

이러한 시간낭비를 방지하기 위해, 폴더명과 파일명을 지을 때는 '장르'의 개념을 활용해보자. 예를 들어 온라인서점에서 책을 산다면, 우리는 '책 > 비소설 > 경영 > 커뮤니케이션 > 글쓰기 > [특정 책 제목]' 이런 식으로 디렉토리를 훑고 지나간다.

또한 영화를 선택할 때도 '고전영화 > 로맨스 > 코미디 > [특정 영화 제목]', '드라마 > 액션/스릴러 > [특정 영화 제목]' 이런 식으로 디렉토리를 훑을 것이다.

마찬가지로 여러분의 폴더나 파일에 제목을 붙일 때 이 동일한 '장르' 개념을 도입해보자. 태양계 > 지구 > 국가 > 주州 > 도시.

이러한 '장르'식 제목 개념은 여러분이 신속하게 살펴보고 이메일에 첨부할 파일을 뽑아낼 수 있도록 서류를 정렬하는 것에 도움이 된다. 예를 들면 이렇다.

감사 – 벨뷰 – 과제 / 결과

감사 – 레드록 – 과제 / 결과

양식 – 비용보고서 / W9s

양식 – 579호 인가 – 요청 / 양도 / 거절

폴더명과 파일명을 정할 때, 다른 경우에서는 원활하게 적용되는 이 장르 개념이 날짜와 단어연결과 관련해서는 문제를 일으킬 수도 있다. 다음은 다른 경우에서는 수월한 정리계획을 꼬아버릴 수 있는 모든 변수들이다.

– 일–월–년, 월–일–년, 년–월–일 사이에서 제멋대로 쓰인 날짜,

　또한 여섯 자리로 쓰인 날짜와 네 자리로 쓰인 날짜

– 문서 제목 앞 또는 뒤에 날짜가 쓰임

– 단어들이 밑줄표시로 연결됨

– 단어들이 마침표 또는 하이픈(–)으로 나눠짐

– 단어들이 띄어쓰기와 하이픈과 띄어쓰기로 나눠짐

– 첫 글자가 대문자인 단어들을 붙여쓰기 함

위에 제시한 패턴들 중에서 자유로이 선택하되 일관성을 가지자. 일관성이 있어야 비슷한 문서들이 적절하게 정렬되고 알파벳 순으로 정리된다. 그래야 여러분이 필요로 하는 문서를 쉽게 찾아낼 수 있다. 날짜표시에 있어서 선호되는 방식은 네 자릿수 연도로 시작해서 월 순서대로 정리되는 것이다.

설비투자계획-2020-06-30

설비투자계획-2022-03-31

설비투자계획-2024-09-30

설비투자계획-2026-09-30

설비투자계획-2028-06-30

폴더를 개설하느라 그리고 일관성 있게 파일명을 정하느라 몇 시간이 걸릴 수도 있다. 하지만 일단 끝내고 나면 그 투자했던 시간의 몇 배를 업무용 이메일을 처리하면서 보상 받게 된다.

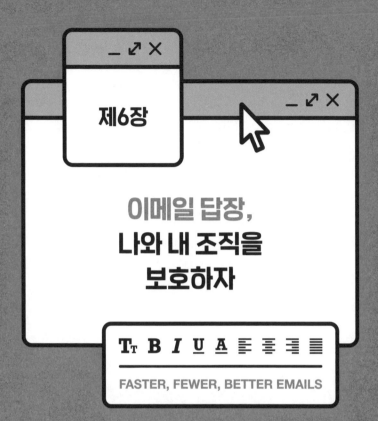

제6장

이메일 답장,
나와 내 조직을
보호하자

T T **B** *I* U A ≣ ≣ ≣ ≣

FASTER, FEWER, BETTER EMAILS

여러분이 이메일을 쓸 때마다 정보 및 자료는 공유의 영역에 있게 된다. 사람들이 믿는 만큼 보안이 탄탄하지 않은 곳에서는 이메일 해킹 등 보안 사고가 일어난다.

– 피터 틸Peter Thiel, 페이팔의 공동창업자이자 벤처 캐피탈리스트, 자선가, 작가

여러분이 이런 일을 당하지 않길 바라겠지만, 린은 꽤나 독특한 신용사기를 당하는 바람에 예금계좌에서 8천 달러를 잃었다. 어느 교활한 명의도용 사기단에 걸려든 것이다. 어떻게 된 일일까?

린은 자신이 대출, 저축계좌 및 예금계좌, 현금카드 등을 이용하고 있는 RWA(금융서비스회사)의 전용전화를 받았다. 수화기 저편에서 아주 전문적이고 똑 떨어진 말투의 여성이 확장서비스 및 회원인증과 관련해 RWA 고객 응대 프로토콜(컴퓨터간에 정보를 주고받을 때의 통신방법에 대한 규칙)에 따르고 있었다. 그녀는 스스로를 사기전담부서의 대리인이라고 소개하면서, 린의 평소 소비행태와 동떨어진

대금청구가 이뤄지면서 그녀의 계좌에 대한 사기행위가 의심되어 전화했다고 했다. RWA 대리인은 그녀에게 LA 월마트에서 142달러를 쓰거나 LA공항에서 돌아오는 편도 항공권을 628달러에 구매한 적 있냐고 물었다. 깜짝 놀란 린이 RWA 대리인에게 자신이 전혀 승인한 적 없는 지출이라고 말했고, 따라서 직원은 린의 신용카드를 취소하고 교체할 수 있는 새 카드를 발급해주는 절차를 밟았다. 그 절차의 일환으로 직원은 린의 주소를 물은 후 현금카드의 보안번호 세 자리를 인증해달라고 요청했다.

요청을 받은 린은 그 직원이 실제로 공인 받은 RWA 대리인인지 여부에 대한 확인 없이 그러한 정보를 줘야 한다는 것이 불안했다. 그러자 직원은 린에 관한 다른 정보들, 특히나 그녀의 생년월일과 사회보장번호 등 몇 가지를 더 확인했다. RWA 대리인이 주는 더 자세한 개인정보에 안심하게 된 린은 직원에게 현금카드의 보안번호를 알려주었다. 그러자 직원은 린에게 현재의 현금카드는 폐기하고 다음날 새로운 카드가 페덱스를 통해 배달될 것이라고 말했다. 5분 후 린에게 동일한 대리인이 동일한 RWA 전용 전화번호로 또 다시 전화를 걸어왔다. 그녀는 린에게 새로운 현금카드를 하룻밤 만에 발급받으려면 한 가지 단계가 더 남았다고 했다. 자기가 린에게 인증번호가 담긴 문자를 보내면 린이 이를 읽어줘야 한다는 것이었다.

린은 인증절차를 위해 이야기를 들은 대로 행했고 새로 교체할 신용카드와 현금카드 신청을 완료했다. 그리고 전화통화를 마쳤다. 몇 분 지나지 않아 린은 진짜 RWA로부터 계좌인출에 대한 여러 건의 문자통보를 받기 시작했다. 매번 800달러를 인출한다는 10번의 ATM 거래에 관한 문자였다. 처음에 린은 이러한 통보가 고작 몇 분 전에 통화한 사기전담부서 '대리인'이 말했던 그 똑같은 '승인 받지 않은 인출'들이라고 생각했다.

그러나 점점 더 불안감이 커진 린은 RWA의 사기전담부서로 직접 전화를 걸었다. 진짜 RWA 사기전담부서 대표가 그녀의 두려움을 확인 사살시켜줬다. RWA는 의심스러운 행위를 보고하기 위해 그녀에게 전화를 건 적이 없었던 것이다. 그녀의 계좌에서는 월마트나 LA공항에서 이뤄졌다는 부정인출도 찾아볼 수 없었다. 그쯤에서 린은 유감스러운 진실을 깨닫게 됐다. 그녀는 신용사기를 당한 것이다.

이 사건이 벌어지고 린은 RWA 조사팀의 도움을 얻어 이 도용범들이 어떻게 이러한 사기를 쳤는지 알게 됐다. 누군가가 이 사건에 앞서 몇 주 전에 린의 핸드폰 번호를 도용해 RWA에 전화를 걸었다. 매번 RWA에 전화를 할 때마다 이들은 보안벽을 하나씩 뚫으려고 시도했다. 마침내 시간이 흐르면서 여러 차례 전화통화 끝에 명의도용범은 린의 개인정보 한 토막을 기꺼이 내어줄 RWA의 누군가를 찾았고 RWA의 2단계 인증절차 없이도 ATM 인출한도를 상향조절할 수 있었다. 또한 린은 자신의 현금카드가 제3자에 의해 복제됐다는 것을 알게 됐다. ATM에서 쓸 수 있도록 똑같은 '스캔카드'가 제작된 것이다.

신용사기의 대부분이 전화로 이뤄졌지만 특하나 RWA 내에서 일부 상호작용이 이메일과 문자를 통해 일어났음이 밝혀졌다. 그리고 사기범과의 전화통화마저도 추측건대 그들이 선택한 방식인 문자와 이메일로 유도될 수 있었을 것이다.

지금으로서 다음의 요점은 되풀이할 필요도 없다. 사이버공간은 상어가 득시글거리는 곳이며 이메일 계정이 밑밥을 제공한다는 것이다. 사용자로서 여러분이 희생자가 될 가능성이 높다. UNC 설문조사에 의하면 응답자의 28%가 이메일 사기의 피해자였었다고 보고했다. 다음은 이들이 사기를 당한 다양한 방식들이다. 일부 피해자는 한 번 이상 사기를 당했기 때문에 총합이 100%를 넘어간다.

33%: 이메일의 링크를 클릭했다

28%: 첨부파일을 열었다

27%: 자기가 안다고 생각한 발신자가 보낸 이메일을 열었다

27%: 이메일 계정을 해킹당했다

10%: 이메일과 문자, 전화에 복합적으로 당했다

발신자의 이메일 주소를
더블체크하라

여러분의 이메일을 보호할 수 있는 최고의 방어책은 바로 여러분이다. 누구나 "모르는 사람에게서 온 이메일을 열거나 링크를 클릭하지 마세요"라는 경고를 들어봤을 것이다. 하지만 이러한 경고는 충분히 구체적이지가 않다.

해커들과 사기범들은 여러분 친구의 이름을 슬쩍 빼돌려 '빌리기 위해' SNS를 활용하면서 사방을 기웃거린다. 따라서 이메일 발신자의 이름이 익숙하다 하더라도 이메일 주소의 도메인명을 살피도록 하자. 이메일 주소상의 이름이나 도메인명 처음이나 끝부분에 마침표, 아포스트로피(생략 부호), 쉼표, 중복철자, 또는 다른 희한한 기호가 있지는 않은지 확인하자.

안타깝게도 나 역시 이메일 사기와 인터넷 절도의 연대기에 더할 만한 이메일 사기 사건을 겪었다. 다음은 어떻게 사기범이 이메일을 통해 내 신용카드를 거머쥐게 됐는지에 관한 이야기다.

사건이 발생하기 한 달 전, 내 친구 스톰은 이메일 계정을 해킹당했었다. 누군가가 내게 '지나 스톰'이라는 이름으로 이메일을 보내면서 그 주에 열릴 파티 초대장이 열리는 링크를 함께 첨부한 것이다. 나는 이 시도가 딱히 잘 먹히지는 않겠다고 생각했다. 당시 진짜 지나는 해외에 나가있었기 때문이었다. 따라서 나는 내 친구 지나에게 이 사건을 알렸고, 그녀가 이를 알아보고 곧장 주소나 비밀 번호, 혹은 그 둘 다를 바꿀 것이라 추측했다.

한 달 후, 지나와 나는 페이스북에서 음식과 다이어트에 관한 코멘트를 주고받고 있었다. 우리가 흔히 나누는 주제로, 나는 중요한 컨퍼런스 전에 3kg쯤 빼고 싶다고 하면서도 지난 주말 집에 손님들을 초대했고 요리를 하면서 너무 많이 먹어버렸다고 언급했다.

몇 분 후 '지나 스톰'이 쓴 이메일이 이런 아리송한 메시지와 함께 내 받은 메일함에 도착했다. "혹시 관심 있어?" 그리고 그 뒤에는 링크가 하나 덧붙여져 있었다.

나는 이 세 단어짜리 메시지를 쳐다보다가 좀 전에 우리가 페이스북에서 나눴던 '대화'를 떠올리고는 클릭해버렸다. 이는 보충제 광고였다. 나는 평생 한 번도 그런 제품을 산 적이 없었음에도 "아, 그래볼까?"라고 생각했다. 지나는 항상 보충제를 사들였다. 어쨌든 그 웹사이트는 전문적으로 보였고 유명한 사람들의 증언광고도 있었다. 나는 신용카드 번호를 입력하느라 2분을 쓰는 와중에 갑자기 지나의 이메일 주소가 눈에 들어왔다. 그녀의 이름은 맞았지만 도메인은 달랐다. 나는 내 친구에게 문자를 보냈다. "너 그때 휴가 가 있는 동안 뚫렸던가, 해킹당했던가 한 다음에 새 이메일 주소 어떻게 바꿨어?"

"난 아직 안 바꿨어. 아무도 나한테서 이상한 이메일이 왔다고 하지 않았거든. 미안."

뱃속에서 심장이 쿵 내려앉는 듯 주저앉을 뻔한 느낌이었다. 나는 즉각 내 신용카드 회사에 전화를 걸어 카드를 취소해달라고 했다. 사기를 당하고 취소하기까지 모든 일이 약 4분 만에 벌어졌다. 다음번에는 나도 이렇게 운이 좋지 못할 것 같다.

그러니 이 경고를 반복해서 말해보자. 정신 바짝 차리자! 이메일 주소상의 이름이나 도메인명이 어쩐지 이상해보일 때 그 조직이나 친구에게 바로 전화를 걸자.

해커의 이메일은 여러 이유로 이상해보일 수 있다. 결정적인 증거는 문법이다. (보통 영어메일은 관사(the, a, an)가 없고 시제가 부정확하다.) 로고와 다른 이미지들이 약간 '조잡'해보일 수 있다. 이메일 주소는 정확해보이지만 언뜻 봤을 때는 거의 눈에 띄지 않는 생략 부호, 쉼표가 앞부분에 들어가거나 중간에 글자가 두 번 들어가기도 한다.

이메일상에 표시된 번호로 전화를 걸거나 링크를 클릭하는 대신 그 기업이 실제로 그러한 문서를 보냈는지 보려면 여러분이 가진 주소록에서 실제 번호를 직접 찾아보자. 일반적으로 기업들은 여러분이 의심스러운 이메일을 포워딩하면 이를 조사해주는 특별 이메일을 가지고 있다.

마지막으로, 조직이나 개인이 링크드인에 프로필을 가지고 있거나 수천 명의 팔로워를 보유한 트위터 계정을 가지고 있다고 해서, 그 또는 그녀가 여러분을 위험에 빠뜨릴 수 있는 링크를 이메일로 보내지 않는다는 보장은 없다. 여러분의 발신자는 자신의 마케팅 이메일에 포함된 링크가 최근 해킹당한 웹사이트로 연결된다는 사실조차 알지 못할 수 있다. 이러한 웹사이트 중 하나에 접속한다면 아주 끔찍한 일이 벌어질 수도 있다.

이 주제에 대한 논의를 끝마치기 전에, 무섭고도 당혹스러운 상황이 한 가지 더 있다. 여러분의 이메일 계정이 해킹됐는데 이를 깨닫지 못하는 경우다. 여러 차례 나는 해킹당한 친구의 이메일 계정으로부터 이런 내용의 이메일을 받아 봤다. "다이애나, 이야기 들었겠지만 나는 지난 3개월간 동아프리카 지역에서 강연하느라 출장 중이었어. 그 출장 중에 아팠고 병원에 입원했지. 하지만 방금 퇴원을 하고 나서야 내 여권과 모든 소지품이 도둑맞았다는 것을 알게 됐어. 지금 외부에 있는 사람하고는 아무도 연락이 안 돼서 그러는데, 내가 가장 가까운 곳에 있는 대사관까지 갈 수 있게 200달러 이체해줄 수 있니? 미국에 돌아가자마자 전화할게." 몇 시간 내에, 가끔은 며칠이 지나고서야 이메일 계정의 진짜 주인이 이를 수습하려는 메시지를 보내오게 된다. "앞서 보낸 이메일은 미안해. 나 해킹당했나봐. 나는 지금 건강하고 여권도 내 수중에 있어. 그리고 디모인(Des Moines, 미국 아이오와 주의 주도)에서 건강하고 즐겁게 지내고 있단다."

여러분의 이메일 계정이 해킹을 당했는지 여부가 의심스럽다면 보낸 편지함을 열어 범죄용 메일이 보내지진 않았는지 확인하자.

아마도 로컬기기와 서버 양쪽에서 그 폴더를 확인해야 할 것이다. 물론 해커가 꼭 그런 이메일들을 여러분의 주소로 발송했다는 의미는 아니다. 해커는 단지 다른 정보, 그러니까 신용카드 번호나 은행 계좌 정보 같은 것들을 얻으려고 여러분의 이메일을 염탐하고만 있을 수도 있다.

바이러스 첨부파일을 조심하자

몇 년간 기자들은 홍보물, 기사, 보도자료, 심지어 속보조차 첨부파일로 받지 않고 있다. 이들의 일반적인 이메일 자동답장은 "첨부파일이 있는 경우 이메일 본문에 복사해서 다시 보내주세요."다. 기나긴 보도자료나 이야기를 일부러 본문으로 보내야 한다는 생각에 충격을 받은 발신자는 그 공지에 이렇게 답할 것이다. "하지만 이 보도자료는 800개 단어가 줄 간격도 없이 빽빽하게 2장이나 쓰여 있다고요."

기자는 다시 이렇게 답한다. "괜찮아요. 그냥 복사해서 이메일 본문에 붙여주세요."

요점은 확실하다. 첨부파일은 가장 최악의 바이러스를 배달할 수 있다는 것이다.

안티바이러스 및 안티 악성멀웨어
프로그램을 팔자

UNC 설문조사에 따르면 이메일 사용자의 73%는 보호프로그램을 쓰고 있지 않다. 응답자의 41%는 안티바이러스 소프트웨어 프로그램을 깔았다고 답했지만, 오늘날의 상황에서는 충분치 않다. 안티바이러스 프로그램이 일반적인 바이러스에 대한 첫 방어선은 될 수 있지만 안티 멀웨어(Anti-malware, 안티 악성소프트웨어) 프로그램은 더 많은 것을 막아준다. 바이러스virus, 악성코드malicious code, 스파이웨어spyware, 애드웨어adware, 랜섬웨어ransomware, 트로이목마trojan horse, 웜Worms 같은 것들이다.

　여러분은 이메일을 확인하는 모든 컴퓨터에 안티바이러스와 안티 멀웨어 프로그램을 깔 필요가 있다(유명한 프로그램에는 비트디펜더Bitdefender, 노튼Norton, 트렌드 마이크로Trend Micro, 맥아피McAfee, 웹루트Webroot, 카스퍼스키Kaspersky 등이 있다). 그리고 호환성 검사 등 어떤 이유로 소프트웨어 작동을 멈춘 이후에는 'X분 후 자동 재시작' 버튼을 누르도록 하자. 보호 프로그램을 다시 작동시킬 때 절대로 여러분의 기억력만 믿고 있어선 안 된다.

특이한 비밀번호를
설정하자

매년 다양한 보안 전문가들이 가장 많이 사용되는 비밀번호 순위를 공개한다. 다음은 인터넷 보안업체인 스플래시데이터 SpashData 에서 가장 최근 발표한 비밀번호 상위 25개 리스트다.

1. 123456 (부동의 1위)
2. Password (동일)
3. 12345678 (1단계 상승)
4. qwerty (2단계 상승)
5. 12345 (1단계 하락)
6. 123456789 (신규)
7. letmein (신규)
8. 1234567 (동일)
9. football (4단계 하락)
10. iloveyou (신규)
11. admin (4단계 상승)
12. welcome (동일)
13. monkey (신규)
14. login (3단계 하락)
15. abc123 (1단계 하락)
16. starwars (신규)
17. 123123 (신규)
18. dragon (1단계 상승)
19. password (1단계 하락)
20. master (1단계 상승)
21. hello (신규)
22. freedom (신규)
23. whatever (신규)
24. qazwsx (신규)
25. trustno1 (신규)

위의 상위 25개 리스트에다 대중문화의 유행어, 또는 올해나 최근 10년간 인기를 끈 영화 제목을 더해보자. 그러면 여러분은 동료들의 창의성을 최대치로 끌어낸 셈이다. 그리고 해커들이 이러한 비밀번호들을 캐내는 데엔 고작 몇 초만 걸릴 뿐이다. 보안에 대해 진지하게 생각한다면 여러분의 창의적이지 못한 동료들보다는 더 노력해야 한다.

UNC 응답자의 45%가 각각의 이메일 계정마다 특이한 비밀번호를 사용한다고 답한 반면 55%는 그렇지 않았다. 여러분이 만약 이 창의력이 떨어지거나 의욕이 덜한 무리에 속한다면, 다음에서부터 도움을 얻어 보자. 강력한 비밀번호의 특성을 고려해보자는 이야기다.

- 시스템이 허용하는 최대치까지 길어야 한다
- 대문자와 소문자, 숫자, 특수문자를 혼용해야 한다
- 여러분이 로그인하는 각 이메일 계정과 사이트, 서버마다 차별화된 비밀번호를 쓰자
- 여러분만의 독특한 비밀번호여야 한다

이러한 특성들을 고려했을 때, 여러분이 여러 개의 이메일 계정을 가지고 자주 비밀번호를 바꾼다면, 어떻게 해야 독특한 비밀번호를 만들고 기억할 수 있을까? 그리고 다른 계정들에 쓰는 비밀번호가 몇십 개, 심지어 몇백 개 더 있다면? 새로운 비밀번호를 만드는 데에 쓰는 체계를 개발해 내면 된다. 예를 들자면 이렇다.

– 노래, 동요, 영화 제목, 시에 나오는 첫 다섯 단어의 첫 글자

– 대문자로 쓴 형제/자매 이니셜

– 가장 친한 친구의 태어난 연도

– 두 개의 기호(##)

뭐든지 좋으니 여러분만의 비밀번호 체계를 만들어내자. 그 후 가끔씩 로그인 비밀번호를 바꿀 때는 '노래' 부분이나 기호를 바꾸도록 하자. 이제 알겠는가?

창의력을 발휘해야 하는 어려운 과정이 끝나고 난 뒤 마음을 놓아서는 안 된다. 비밀번호를 안전하게 유지하자. 컴퓨터를 내버려두고 자리를 비울 때면 로그아웃을 꼭 하자. 스크린세이버에도 비밀번호를 설정하고 이를 활성화하자.

앞서 자세히 설명한 내용과 비슷한 시스템에서는 로그인 비밀번호를 기억하는 것이 그다지 어렵지 않다. 그러나 여러 개의 이메일 계정(UNC 설문조사에 따르면 평균 사용자는 3.7개의 이메일 계정을 가지고 있는 것으로 나타났다)과 다른 계정들에 로그인해야 한다면, 비밀번호를 자주 바꾸기 위해서 여러분의 기억력 외에도 다른 장치가 필요해진다. 다시 한번, 설문조사 결과는 보안에 대한 태만한 태도를 보여줬다. 가장 많은 수의 사람들이 비밀번호를 바꾸라는 권유나 강요를 받았을 때만 바꿨다.

비밀번호를 안전하게 지키고 쉽게 관리하고 싶다면 암호관리 프로그램(라스트패스LastPass, 대시레인Dashlane, 로그미인LogMeIn, 1패스워드 1Password 등)을 사용하자. 그러면 딱 하나의 비밀번호만 기억해도 괜찮아진다.

이러한 프로그램들은 여러분이 이들의 컴퓨터생성 비밀번호를 사용하길 선호한다면 각 계정마다 독특한 비밀번호를 만들어준다. 그러나 보안전문가들은 해커들이 이러한 시스템 생성 비밀번호를 개인이 자체적으로 만든 비밀번호보다 더 빨리 뚫을 수 있다고 경고한다. 따라서 여러분이 나름대로 창안한 체계를 바탕으로 계정마다 적용할 특이한 비밀번호를 만들어내는 것이 가장 좋은 생각이다. 그 후 암호관리 프로그램을 활용해 이 특이한 비밀번호를 저장하고 기억하면 된다.

가능하다면 2단계 인증방식을 사용하자. 일부 사용자들은 2단계 인증절차를 통해 접속하는 데에 필요한 추가시간에 대해 불평을 늘어놓는다. 그러나 도용당한 ID를 처리하느라 써야만 하는 시간과 비교하면 예방을 위해 쓰는 시간은 아주 미미하다.

그리고 복수의 이메일 계정을 사용하자. 각기 다른 목적을 위해서는 각기 다른 이메일 계정을 설정하자. 은행과 투자업무는 하나의 계정에서 관리하자. 온라인 쇼핑과 신용카드 구매는 별도의 계정으로 하자. 무료제품을 다운로드하는 등 다른 목적을 위해서는 일회용 주소를 사용하자. 개인적인, 또는 가족들과의 연락을 위해서는 공통의 이메일 주소를 유지하자. 이런 방법은 계정 하나가 해 킹당했을 때 그 하나의 계좌로부터 알아낼 수 있는 것들로 인한 피해를 제한할 수 있다.

가정에서는 와이파이 네트워크를 세 영역으로 분할하자. 하나는 손님용, 하나는 아이들용, 다른 하나는 성인용이다. 그렇지 않으면 여러분 집에 온 손님들은 누구나 여러분의 인터넷 트래픽을 찾아내서는 어쩌면 여러분이 접속할 때 그 비밀번호를 볼 수도 있다. 이 작업을 할 만큼 기술적으로 능숙하지 않다면 일반적으로 서비스 제공자가 웹사이트에 공개하는 설정 단계들을 따라 하자. 또 다른 옵션도 있다. 설정 방법을 배우기 위해 유튜브를 보는 것이다.

이메일은 영원히 '살아있음'을 기억하자

정치 스캔들이나 기업 스캔들에서 배울 수 있는 게 하나 있다면, 바로 이메일들은 지우더라도 사라지지 않는다는 것이다. 하드 드라이버를 완전히 밀어버리지 않는 한 이메일은 기업의 서버, 또는 클라우드 스토리에 영원히 살아남는다. 그리고 이 정도로는 딱히 걱정되지 않는다면, 어쩌면 어떤 동료가 중간에 이메일을 복사해서 백업으로 저장해놨을 수도 있다.

따라서 여러분이 이메일에 무슨 내용을 쓰든 간에, 결국 누군가가 이를 읽어버리고 기분이 나빠질 수 있다고 가정해야 한다. 경멸적인 이메일을 썼다가는 여러분의 그 말들이 여러분의 일을 위태롭게 만든다거나 경제적으로 파탄 내어 버릴 수도 있다. 이러한 사례들은 거의 매일 같이 뉴스면을 채우고 있다. 기업이나 비영리조직 임원들의 성적 암시, 인종차별적 비방, 또는 일반적이지 않은 정치적 견해들이 들어간 이메일이 공개되면서 자리에서 물러나야만 하는 것이다.

여러분이 쓰는 이메일, 아니면 여러분이 회사 시스템을 통해 내보내는 문서들에 대해 두 번, 아니 다섯 번 생각하자. 특히나 공급사, 잠재적 공급사, 또는 고객들에 대해 의견을 밝힐 때면 더욱 신경 쓰자. 이들은 여러분에게 충성심이라곤 없다고 봐야 한다.

여러분이 이메일로 드러낸 의견 때문에 직장에서 불쾌한 상황이 벌어졌다가는 낮엔 가혹하고 밤엔 잠 못 이루는 지경에 처할 수도 있다.

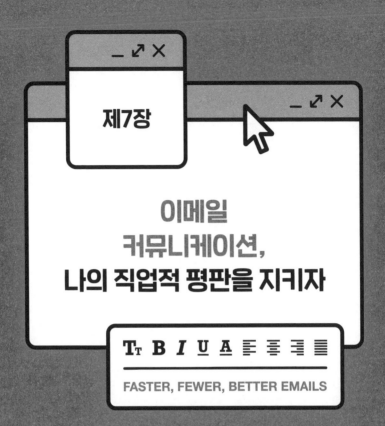

제7장

이메일
커뮤니케이션,
나의 직업적 평판을 지키자

Tt *B* *I* U A

FASTER, FEWER, BETTER EMAILS

이메일에도 그 옛날 엽서의 원칙이 적용된다. 받는 이 이외에 누구도 여러분의 엽서를 읽어서는 안 되지만 엽서에 은밀한 이야기를 쓰는 건 바보짓이다.

－ 주디스 마틴 Judith Martin, 미국의 기자이나 에티켓 전문가,
필명인 미스 매너스 Miss Manners로 더 유명하다

이메일은 반응을 얻는 것이고, 전화통화는 대화를 시작하는 것이다.

－ 사이먼 사이넥 Simon Sinek, 영미 저자이자 강연자, 컨설턴트

개인 브랜드는 여러분이 스스로를 대화, 회의, 글에서 어떻게 표현하는지에 주로 반영된다. 이메일을 통해 얼마나 많은 '대화'가 이뤄지는지 생각해보자. 여러 전문가에 따르면 여러분의 커뮤니케이션은 오늘날의 시장에서 스스로를 '드러내는' 방법이 된다. 그리고 여러분이 '일을 해내는' 방법이기도 하다.

여러분의 어조, 주제, 단어선택뿐 아니라 개인 이미지를 보호하기 위해선 이러한 추가적인 가이드라인을 고려할 필요가 있다.

적법한 질문과 진술에 대한
법적 책임을 의식하자

회사설비나 서버를 통해 모욕적인 발언이 포함된 이메일이 밝혀지면 회사와 여러분에게 개인적으로 법적 문제를 야기할 수 있다. 저작권 침해는 차치하고서라도, 이메일 오용에 따른 개인적 책무에는 허위진술, 명예훼손, 중상, 성희롱 등이 포함된다.

그러나 여러분의 법적 의식은 이러한 명백한 사건사고의 범위를 넘어서야 한다. 다른 잠재적인 책무에는 다음과 같은 것들이 있다.

- 노골적인 질문
- 일관적이지 않은 회의 날짜
- 일관적이지 않은 배포 목록
- 이메일 경고에 대해 아무런 행동도 취하지 않거나 대응을 하지 않는 것

이러한 이메일의 구멍들에 대해 좀 더 구체적으로 살펴보자.

개인적 피해와 관련한 대규모 소송은 가끔 누군가가 단순한 질문을 던진 이메일에 중점을 둔다. 누군가가 자동차 사고로 죽었다는 시나리오를 상상해보자. 피해자의 가족은 새로운 자동차 모델의 브레이크에 결함이 있다면서 자동차 제조사에 소송을 걸었다.

여러분은 이메일을 통해 제작과정에서 아주 초기에 이러한 질문을 던졌다. "우리가 다음 단계로 넘어가기 전에 시스템에 대해 실험을 더 해봐야 하지 않을까요?" 이 이메일은 제조사 입장에서 태만이나 비용 절감의 혐의를 증명하는 법적 증거로 사용될 수 있다. 그러나 여러분이 원래 던진 질문은 경고의 의도를 전혀 담고 있지 않았을 것이다. 아마도 여러분은 안전문제가 있을 수도 있다는 걱정은 전혀 하지 않고, 다만 다음 단계로 넘어가는 스케줄에 대해 물었을 뿐일 것이다.

물론 여러분은 이메일에서 노골적인 질문을 해야 할 필요가 있다. 절대로 소심한 질문을 통해 경고나 권고를 넌지시 돌려 말하지 말자. 우려할 만한 점이 있다면 이를 직접적이고 설득력 있게 언급하자. 요점은 걸핏하면 소송이 걸리는 우리 사회에서 법적으로 경계를 늦추지 말자는 말이다. 순진하고 노골적인 질문은 오해를 받거나 왜곡되거나 문맥에서 벗어날 수 있다.

변호사들은 법정에서 책임을 지우거나 조작하기 위해 필요한 것들을 찾아내려고 정교한 소프트웨어 프로그램을 사용한다. 이러한 소프트웨어는 세액, ISIS, 사기, IRS(국세청), SEC(미국 증권거래위원회), 허점 등 노골적인 '핫 워드Hot Words'를 훌쩍 넘어선 이메일까지 찾는 역할을 한다. 이러한 소프트웨어 프로그램은 누군가가 문제에 대해 걱정하고 있음을 암시하는 구절들을 찾아낼 수 있다. "억지로 휴가를 냈고", "그가 휴가를 간 사이에 처리했습니다.", "이 점에 대해 심각한 우려를", "그녀가 이사회에서 내려오도록 압력을 가했습니다.", "우리가 점심을 먹으면서 논의했던 그 주제는", "반격하세요.", "그 누구도 이걸 눈치채지 못하도록 해야 합니다.", "그 상황에 대해서는 어떤 질문도 제게 직접 연결해주세요.", "어떻게 하면 누군가가 알게 될까요?", "이 이메일은 반드시 삭제하세요.", "이 문제의 적법성은 어떻습니까?"

그러한 소프트웨어는 언제 이 동일한 보고서가 각기 다른 두 사람에게 (하지만 다른 이메일 발송을 통해) 보내졌는지도 찾아낼 수도 있다. 또한 누군가의 서명하에 갑작스러운 문체 변화를 분석하거나 사람들 사이의 트래픽 패턴을 추적하기도 한다. 예를 들어 이 법률 소프트웨어 프로그램은 여러분이 언제나 매달 17일마다 X 리포트를 전송하지만 10월에는 보고서 제출이 3일이나 늦었음을 탐지해낼 수 있다. 왜 그렇게 하신 겁니까? 혹시 당신은 대회의가 열릴 때까지 의도적으로 기다리고 있던 것은 아닙니까?

그러한 소프트웨어는 여러분이 보통 조, 할리, 자밀, 숀, 그리고 카르멘을 재무회의에 참석하도록 부른다는 것을 밝혀낼 수 있다. 그러나 4월에는 숀을 부르지 않았다. 왜 그랬던 거죠? 합병과 파산 선언을 논의하고 있었기 때문이 아닌가요?

앞서 언급한 자동차 생산과정에 관한 사례에서 여러분의 동료 커티스는 "우리가 다음 단계로 넘어가기 전에 시스템에 대해 실험을 더 해봐야 하지 않을까요?"라는 질문을 제기하는 이메일을 여러분에게도 보냈다. 이제 여러분은 이 상황에 대해 '사정을 알고 있는' 상태며, 이 정보에 대해 여러분에게 연결되는 영구적인 이메일 트래픽 기록이 존재하게 된다.

그러나 여러분은 여기에 답장을 하지 않았다고 치자. 이 질문은 정말로 엔지니어들이 자기들끼리 해결해야 할 주제라고 생각했기 때문이었다. 어쨌든 우리는 그냥 영업사원들이니까. 이들은 그저 생산에 차질이 생겨서 고객이 차량 인도 날짜에 대해 질문하는 경우에 대비해 예의상 여러분을 이메일이 끼어줬을 뿐이다. 법정에서 변호사는 여러분에게 왜 이러한 '경고'를 심각하게 받아들이지 않았냐고 질문할 것이다. 왜 답장을 하지 않았죠? 테스트를 연장하는 데에 따른 비용 상승이 기업의 이윤과 당신의 판매수수료를 낮출 거라고 걱정한 건 아닌가요? 순수한 질문이 어떻게 '경고'로 탈바꿈되는지 눈여겨보자.

이제 이해가 가는가? 악의적인 소송이 제기된 경우 이러한 이메일과 트래픽 패턴이 법정에서 논의될 때 여러분의 청렴함에 어떻게 해를 입히는지 생각해보자. 여러분의 이메일이 아무런 법적 문제를 야기하지 않을 것이라고 확신하더라도, 무슨 내용 때문에 여러분이 뜬눈으로 밤을 지새울 수도 있을지 고려해보자.

예를 들어, 여러분이 연봉을 협상하는 과정에서 소속부서와 부문의 '문제와 비효율성'을 바로잡기 위해 추가적인 업무를 맡겠다는 요청을 했다고 하자. 후에 여러분은 예상치 못하게 임원실로 불려가는 모습을 상상해보자. '문제와 비효율성'을 언급한 여러분의 이메일에서 나온 '경멸적인' 의견에 대해 설명하기 위해서다.

결론은 다음과 같다. 법률적으로 경계를 늦추지 말자. 여러분의 회의 날짜, 배포 목록, 문체, 그리고 커뮤니케이션 습관을 일관성 있게 유지하라. 일관성은 여러분의 진실성을 확립시키고 사기가 아님을 증명하기 위해 중요하다.

여러분은 단순한 이메일상의 실수로 직업을 잃는, 또는 소송에 진 최초의 사람은 아닐 것이다.

민감한 이메일은 냉각기를 가지자

이메일을 쓴 사람은 자기가 쓴 이메일의 어조를 판단하기엔 젬병이 된다. 보내기 버튼을 누를지 망설여진다면 보내지 말자. 하룻밤 동안 임시보관함에 이메일을 넣어놓고 냉각기를 가지자. 회신이 급하다면 초안을 검토해줄 동료를 섭외하거나 그들에게 전화로 그 이메일을 읽어준 후 어조에 대한 피드백을 받도록 하자.

여러분이 조바심을 이기지 못하고 불타는 심판의 칼날을 먼저 휘둘렀다가는 모든 사람이 지켜보는 가운데 그저 녹아내려 소멸되어 버릴 수도 있다. 만약 성급하게 분노의 이메일을 보내버리고

선 후회하고 있다면, 수신자가 이를 읽기 전에 그 이메일을 회수하는 것이 하나의 옵션이 된다. 아웃룩을 사용하고 있다면 보낸 편지함 폴더를 열고 여러분이 보낸 분노의 이메일을 연다. 그 후 '작업' 카테고리로 가서 '메시지 회수'를 클릭하면 된다. 네이버를 사용하고 있다면 보낸 메일함 수신 확인 들어가서 '발송 취소'를 클릭하자(단, 같은 네이버 메일로 보냈을 경우만 가능하다).

하지만 이 회수계획이 여러분의 충동적인 행동을 무마시켜줄 백업계획으로 의지해서는 안 된다.

저작권을 존중하고 이메일의 소유권이 회사에 있음을 이해하자

문서를 만든 사람은 저작권을 가진다. '고용자 저작권 보유 원칙'의 경우가 아니라면 말이다. 다시 말해, 여러분이 월급을 받으면서 이메일을 쓴다면 그 이메일들은 '고용자를 위한 작업물'이 되며 여러분의 회사가 이를 소유하게 된다.

가끔 여러분은 굳이 업무와는 상관없는 아이템들이 담긴 이메일들을 회사 외부의 사람들에게서 받을 것이다. 행운의 편지나 농담, 만화, 특이한 통계, 유튜브 비디오, 심지어 어느 동료에 대한 개인적인 뒷담화까지 말이다.

어떤 동료가 여러분에게 저작권에 대한 고지 없이 전자잡지, 연설문, 또는 보고서를 보내온다면 경계하도록 하자. 발신자는 원본 자료 없이 일부를 복사해서 이메일에 붙여넣기를 할 수 있지만, 이는 원본 자료가 저작권의 보호를 받지 않는다는 의미가 아니다. 사실 원본이 저작권의 보호를 받지 않는 경우는 상당히 드물다.

여러분에게는 이러한 저작권 보호물을 소유자의 허락 없이 누군가에게 전달할 권리가 없다. 여러분이 이를 창작한 것이 아니라면 여러분은 이를 소유한 것이 아니며, 이를 합법적으로 전달할 수 없다.

강연자로 일하는 동료 중 하나는 자신의 수익이 증가하는 이유가 합의금 덕분이라고 전했다. 자신의 전자잡지, 블로그, 웹사이트

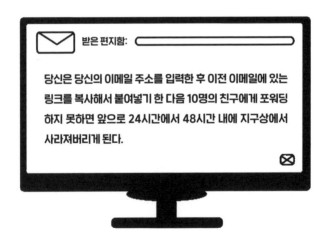

▶ 여러분에게는 회사 설비와 시스템을 통해 포워딩한 것들에 대한 법적 책임이 있다.

기사에서 가져온 데이터와 정보를 무단으로 사용한 사람들과 기업들을 고소하기 때문이었다. 무지는 변명이 될 수 없다. 동료들이 여러분에게 보내온 문서를 포워딩할 때, 여러분은 저작권 침해에 대한 법적 책임을 지게 된다. 저작권 침해는 손등 한 번 맞는 것으로는 끝나지 않을 범죄행위다.

많은 이메일 사용자들은 저작권의 보호를 받는 백서, 비디오클립, 보고서 템플릿, 또는 전자잡지 등을 사용(포워딩)하는 것이 미국 저작권법상 공정사용 조항에 의해 허용된다고 잘못 생각한다. 이들은 문서제공을 대가로 돈을 받은 적이 없다고 주장한다. 그리고 가끔은 자선적인 대의에 관해 다른 사람들을 훈련시키거나 대중들을 교육시킨다는 고귀한 목적으로 사용하기도 한다.

그러나 저작권법상 공정사용 조항은 그러한 사용을 반드시 허용하지 않는다. 공정사용을 판단하기 위한 네 가지 기준이 존재하며, 각 상황에서는 네 가지 기준 모두가 충족되어야 한다.

- 이의제기를 받은 사용 목적이 상업적인가 비영리적(교육목적, 건강에 대한 경고, 안전 예방 경고)인가?
  누군가의 지적 재산을 이용해 돈을 벌 경우 이는 문제가 된다.
- 이 작업물은 원작자의 독특한 표현인가 아니면 누구에게나 허용된 단순 사실인가?
  사실은 저작권의 보호를 받을 수 없다. 하지만 누군가가 그러한 사실들을 독특하게 표현하거나 구성했을 때 저작권이 설정되고 보호받게 된다.

– 전체 문서와 비교해 복제된 작업물의 길이는 어느 정도 분량인가? 전체 분량의 3%? 25%? 40%인가?

여러분이 누군가가 2000단어 분량으로 쓴 백서 가운데 두 문장을 인용한다면, 그 사람들은 여러분이 참고자료의 출처를 밝히는 이상 이의를 제기하지 않을 것이다. 그러나 누군가의 여섯 줄짜리 캐치프레이즈 가운데 단어 세 개를 가져다 썼다면, 곧 저작권 침해에 대한 소송장을 받아들게 될 것이다.

– 여러분이 사용한 영향력이 작가에게 원작의 가치를 축소시키는가? 여러분의 사용이 작가의 잠재적 수입을 침해하게 되는가?

여기에서 '그렇다'는 대답이 나온다면 여러분은 곧 엄청난 벌금을 맞게 될 것임을 꼭 얘기해주고 싶다.

법원은 저작권 침해여부를 판단하고 형량을 정하기 전에 네 가지 쟁점 모두를 고려한다. 다시 말하지만, 공정사용은 여러분이 네 가지 기준 모두를 가지고 검열했을 때 통과해야만 한다는 의미다. 일반적인 이메일 트래픽에서 여러분이 저작권 보호를 받는 자료를 법적으로 자유롭게 포워딩할 수 있는 일은 거의 없다. 여러분이 아이디어나 표현의 소유권을 요구하거나 다른 출처들에 대해서 알고 있다 하더라도, 저작권 침해에 대한 법적 책임을 지게 된다.

원작자뿐 아니라 여러분이 사용하고 활용하는 자료에 대해 라이선스료를 지불한 다른 사람들 역시 여러분의 흔적을 좇게 된다. 무지는 축복이 아니다. 이는 여러분의 은행계좌와 커리어에 대한 질병이자 위협이 된다.

제목에 EOM과 FYI를 활용하자

EOM이라는 약어는 End Of Message(메시지의 끝)를 의미한다. 제목의 마지막에 EOM을 삽입한다면 수신자들은 받은 메일함을 훑어보면서 이메일을 열어볼 필요도 없이 제목만 읽는 것이 가능해진다.

제목 : 7/8 바렛 회의 취소: 상대방이 계약 파기 > EOM

이메일을 읽은 이들은 자기들이 전체 메시지를 명확하게 받았다고 확신한 채 이를 적당하게 저장하거나 포워딩하거나 삭제할 수 있다.

FYI(For Your Information, 참고하세요)를 제목에 삽입하는 것 역시 동일한 편의를 제공한다. 이를 보관할 것인지, 포워딩할 것인지, 또는 삭제할 것인지에 대해 간편하게 결정 가능한 것이다.

제목 : FYI : B298 모델에 대한 리뷰 수집 완료 - 조치 불필요

이메일 수신자의 시간에 대한 일상적인 배려를 갖출 때 생산성과 관련한 여러분의 평판은 높이 치솟게 될 것이다.

평균적인 응답시간을 확인하자

UNC 설문조사 참가자의 80%는 일반적으로 이메일 수신자가 4시간 이내에 '중요한' 이메일에 답장해주길 기대했다. 59%는 1시간 이내의 응답을 기대했다.

여러분의 회사에서 기대되는 평균적인 응답시간은 얼마인가? 1시간? 2시간? 24시간?

예외적인 경우가 있는가? 그렇다면 어떤 경우인가? 여러분이 잘 모르겠으면 회사의 리더로부터 이를 알아내자. 여러분이 리더라면 그 평균에 대해 여러분의 팀과 소통해보자. 기대치에 맞춰 행동함으로써 여러분의 개인 브랜드를 보호하자. 느린 응답은 많은 것들을 시사하고, 그 가운데 대부분은 부정적인 것들이다.

- 주눅이 들어서 속도를 맞출 수가 없음
- 필요한 행동이나 의사결정 때문에 당황스러워함
- 일상적인 문의를 처리하는 시스템이 비효율적임
- 직원채용에 문제가 있음
- 상황, 의사결정, 프로젝트를 중요하게 생각하지 않음
- 응답하기 전에 더 많은 정보와 조언을 수집해야 함
- 응답하기 전에 숙고할 수 있는 시간이 필요함

여러분은 일상적으로 병목현상을 일으키는 주범으로 간주되어도 괜찮겠는가?

개인적인 발언은 반드시
허락을 받고 포워딩하자

가족들이 모인 자리에서 사실은 자신이 먼저 공개해서는 안 되는, "별거 아닌 비밀을 이미 모두에게 알려주는" 베시 이모에 대해 어떻게 생각하는가? 이를테면, 그녀는 행복한 커플이 자신들의 약혼 사실을 발표하기 전에, 조카가 학교 연극에서 배역을 맡았다고 말하기 전에, 남동생이 흥미진진한 새 직장에 가게 되어 싱가포르로 이사 간다고 알리기 전에 '비밀'을 공유해 버리는 것이다.

여러 번 말하지만, 직장에서는 뉴스와 정책, 또는 공지의 주인공이 원한다면 직접 이를 공표하도록 해주자.

함께 에티켓 원칙을 따르자. 초대받지도 않은 결혼식에 불쑥 나타날 수는 없는 법이다. 아니면 파티 주최자에게 여러분이 끔찍한 시간을 보냈으며 절대 다시는 초대하지 말라고 말할 수는 없는 법이다. 또는 링크드인이나 페이스북 그룹에 억지로 끼어들어가서는 다른 회원들에 대한 모욕을 포스팅할 수 있는가. 아니, 적어도 그리 오랫동안 그럴 수는 없을 것이다. 관리자나 다른 회원들이 재빨리 내쫓을 테니까.

거의 모든 활동에는 용인될 수 있는 행동에 대한 사회적 원칙이 존재한다. 그리고 이를 깨뜨리기 위해서는 위험을 감수해야 한다. 이메일 보내기는 오직 한 가지 면에서만 다르다. 그 결과가 더욱 험난할 수 있다는 점이다. 평상시에 일반적으로 용인되는 원칙을 따르는 것에 실패할 때 여러분의 평판은 망가지게 된다. 그리고 새로운 직위나 회사로 옮겨 새로운 동료들과 상호작용을 하게 될 때까지 수습되지 않을 것이다.

그러니 여러분의 문화에서는 어떠한 기대가 존재하는지 알아보도록 하자.

그리고 이메일 수신여부를 알려주자. 누군가가 원하는 모든 정보를 가지고 답할 수 없는 경우, 적어도 여러분이 그 이메일을 받았으며 언제 완전한 응답을 기대해도 좋은지 알려주자. 그렇지 않으면 상대방은 이메일이 여러분의 스팸파일로 들어가 버린 것은 아닐까 계속 궁금해할 것이다. 여러분은 스스로 가장 부적절한 시간에 독촉장을 받게 만들고 있는 셈이다. 이에 맞춰 '수신 확인 요청' 기능을 사용하는 것을 피하자. 적이 제대로 임무를 수행하지 못한 증거를 기록하는 목적이 아닌 이상 말이다.

이모티콘의 득실을 따져보자

이모티콘의 사용은 다양한 청중들 사이에서서 강력한 반응을 끌어낸다. 20년 전, 업무용 글쓰기에 대한 내 초창기 책인 『E-글쓰기: 효과적인 커뮤니케이션을 위한 21세기형 도구E-Writing: 21st-Century Toolds for Effective Communication』에서 나는 이모티콘이 공식적인 업무용 글쓰기에는 적합하지 않다고 쓴 바 있다.

여전히 이 점은 회사 밖으로 발송되는 공식적인 이메일과 관련해서는 사실이지만, 동료들끼리 주고받는 사내 이메일에서는 이모티콘이 널리 받아들여지고 있다. SNS와 문자에서의 이모티콘 사용은 이메일 부문까지 넘쳐 흘러들어오게 됐다. 실제로 일부 업계의 이메일 마케터들은 자신들이 이모티콘을 사용할 때 더 높은 응답률을 보인다고 보고했다.

그러나 그렇다고 해서 여러분이 이메일에 일상적으로 이모티콘을 사용해도 된다는 의미가 아니다. 이모티콘 사용의 장단점에 대해 한 번 생각해보자.

가장 큰 장점은 자신을 표현할 수 있는 방식이 간편하여 빠르다. 뿐만 아니라 귀엽거나 풍자적인 느낌을 줘 재미를 준다. 심지어 개성을 더해 친근하게 다가간다. 단점으로는 미숙하고 유치하며 상황이나 주제에 대해 표현이 부적절하다. 그리고 이모티콘이 정확히 무슨 뜻을 표현하는 것인지 알 수 없다. 핵심은, 여러분이 자신을 말로 표현하기보다 발랄한 이모티콘을 쓰려고 한다면 그 전에 진지하게 생각을 해보도록 하자.

상대방의 채널에 맞추되
이를 전환하려 하지 말자

여러분에 관한 것이 전부가 아니다. 여러분이 다른 것들보다 어느 한 커뮤니케이션 채널을 선호할 때, 다른 대부분의 사람들 역시 가장 선호하는 채널이 있기 마련이다.

UNC 설문조사에서 모든 연령집단의 응답자들(밀레니얼부터 전통주의자까지)은 업무에 있어서 이메일 커뮤니케이션이 가장 중요한 커뮤니케이션 방법이라고 답했다(응답자의 48%). 면대면 커뮤니케이션은 두 번째로 중요한 커뮤니케이션 방법으로 선정됐다(18%). 전화 통화는 세 번째로 중요한 커뮤니케이션 방법이었고(17%), 문자는 네 번째로 중요한 커뮤니케이션 방법이었다(7%). 인스턴트 메시지 는 분명 모든 연령집단에서 다른 형식들보다 덜 중요했다(영상회의 보다 아주 약간 높은 순위였다).

누군가는 빠르고 쉬운 문자메시지를 선호하지만 다른 누군가는 문자메시지가 데이터베이스에 저장이 되지 않고 고객 기록에 연 계되지 않기 때문에 싫어할 수도 있다. 다른 사람들은 메시지를 길 게 쓸 수 있고 전화기로 문자메시지를 보내는 일은 지루하기 때문 에 이메일을 선호하기도 한다. 일부는 의사결정을 할 때 실시간으 로 빠른 논의를 주고받을 수 있다는 점에서 전화통화를 선호할 것 이다. 역시나 누군가는 SNS를 통해 메시지를 보낸 후 답장을 받기 전까지 며칠을 기다리는 것이 괜찮을 수도 있다.

분명 여러분이 선호하는 채널로 논의를 옮겨가고 싶은 유혹이 있을 것이다. 그게 더 여러분에게는 편리하고 편안하기 때문이다. 그러나 여러분이 상황을 통제할 수 있는 최고임원이 아닌 이상 그 러지 말자. 채널을 바꾸는 일은 여러분이 동료나 고객과 쌓아온 관 계에 파급효과를 일으킨다.

새로운 채널을 불편해하는 누군가와 논의를 하다가 중간에 채널 을 바꾼다는 것은 "잘못된 동네에서 살고 있네요." 또는 "잘못된 차 를 운전하고 있어요"라고 말하는 것과 같다. 그리고 여러 채널을 통해 중복된 메세지를 보내는 일은 삼가자. 어떤 사람들은 짜증날 정도로 이메일에 늦게 답장하는 수도 있다. 이메일이 아무 때나 편리한 시간에 응답할 수 있다고 해서 그렇게 해야만 한다는 의미는 아니다. 나와 몇 년간 이메일을 주고받는 어떤 사람은 자신이 "답장을 보내는 일에서 세계 최악"임을 고백했다. 나는 그녀의 자기평가에 동의한다. 이메일 답장을 하는 데에 2주가 걸리는 일이 일상다반사니까. 몇 달이 걸리는 일도 꽤나 자주 있다!

이러한 동료들과 상호작용할 때면 모든 채널을 동원해 여러 개의 메시지를 남기고 싶은 유혹이 들 것이다. 문자든, 이메일이든, 전화든, SNS든. 보통 이들의 반응은 골칫거리다.

여러분이 하나의 채널에서 느린 응답을 얻고 있다면 그 사람들이 있는 곳을 찾아서 그곳으로 옮겨 가자. (내 동료의 경우 나는 그녀가 거의 SNS에서만 활동하고 있음을 발견했다.)

광범위한 청중들과 커뮤니케이션하기 위해서는 다양한 채널을 사용하자

보통은 여러 개의 채널로 중복된 메시지를 보내지 않는 것이 가장 좋지만, 여기에는 예외가 있다. 광범위한 청중들과 커뮤니케이션할 필요가 있을 때, 이들은 아마도 동일한 채널을 사용하고 있지는 않을 것이다.

임플로이채널EmployeeChannel 주식회사가 미국 노동자 1,200명을 대상으로 실시한 설문조사에서, 모든 직위의 노동자들이 똑같은 것을 원한다고 보고했다. 바로 고용주, 특히나 인사팀과 좀 더 자주 커뮤니케이션하는 것이었다. 피고용인의 거의 절반은, 인사팀의 커뮤니케이션 노력을 통해 더 많은 정보를 받거나 일에 집중하게 됐다고 느끼는지에 대한 질문에 "중립이다, 동의하지 않는다, 또는 강력하게 동의하지 않는다"라고 응답했다. 그리고 응답자의 무려 75%는 인사팀이 "전혀 또는 드물게" 아니면 오직 "가끔씩만" 커뮤니케이션한다고 답했다.

그러나 여기에 해당하는 인사팀과 회사들은 자신들이 열린 커뮤니케이션을 확고히 시행하고 있으며 피고용인과 커뮤니케이션하는 데에 엄청난 시간과 노력을 쏟고 있다고 말한다. 이러한 인식과 현실의 격차는 어디에서 나오는 것일까?

임플로이채널의 마케팅 및 제품관리 부사장인 샌디유는 이러한 격차에 대해 다음과 같이 설명했다. "커뮤니케이션이 피고용인들에게 도달하는 것에 너무 자주 실패하는 거죠."

연구는 계속적으로 또 다른 의아한, 적어도 이 문제를 해결하고 싶은 이메일 발신자들에게는 알 수 없는 데이터도 드러냈다. 회사와의 더 활발한 커뮤니케이션을 원한다고 응답한 이 동일한 피고용인들이 채널에 관해서, 특히 무슨 채널을 선호하지 않는지에 대해서는 단호하다는 사실이었다.

- 오직 16%만이 이메일을 받길 원했다.
- 12% 미만이 직접 대면하는 회의를 원했다.
- 오직 5%만이 전화로 커뮤니케이션하길 원했다.

이 연구에서 우리가 얻을 수 있는 결론은 적어도 두 가지다. 첫 번째, 사람들은 더 많은 커뮤니케이션을 원한다고 말하지만 여기에 들여야 할 시간은 못마땅해 한다. 두 번째, 사람들은 다양한 채널을 선호한다. 그 어떤 채널도 모두에게 안성맞춤일 수 없다.

따라서 여러분이 광범위한 청중들에게 메시지를 보내려 한다면, 모든 사람에게 도달했는지 보기 위해 멀티채널 접근법을 활용할 필요가 있다.

선택권이 여러분에게 있다면
적합한 채널을 고르자

이메일은 여러분이 보내려는 메시지나 도달하고 싶은 청중에 따라 최고의 채널이 아닐 수도 있다. 이메일의 득실을 모두 따져보자. 이메일은 다음과 같은 경우에 좋은 선택이 된다.

- 많은 수의 사람들과 빨리 커뮤니케이션할 필요가 있는 경우
- 메시지가 분초를 다투는 시급한 내용이 아닌 경우
- 무엇을 언제 보냈는지 기록을 남기고 싶은 경우(법적 이유로 인한 파일 복제 등)
- 이메일을 읽는 사람이 복잡한 지시문 등 향후에 참고할 수 있는 정보를 필요로 하는 경우
- 이메일을 읽는 사람이 여러분의 복잡한 디테일이나 정보를 다른 사람들에게 포워딩하길 원하는 경우

이메일은 다음과 같은 경우에 나쁜 선택이 된다.

Talk : 논의가 진행됨에 따라 변화할 수 있는 상황의 세부사항(마감일, 세부정보, 요청 등)을 협상해야 할 경우

문자메시지 또는 전화 : 즉각적인 대답을 원하는 경우

전화 또는 만남 : 메시지가 감정적으로 충만해 있고 그 어조를 글로 전하기 어려운 경우

만남 : 그 효과를 판단하기 위해 감정적 메시지에 대한 반응을 보고 싶은 경우

공식적인 인증서, 발표, 또는 편지를 보낸다 : 수신자가 여러분의 메시지를 기념으로 간직하게 하고 싶은 경우(칭찬, 기념일, 기념행사, 표창 등)

공식서한을 보낸다 : 상황의 심각한 측면에 대한 효과를 만들어내고 싶은 경우(종료에 대한 경고, 소송의 위협 등)

만남 : 정보가 높은 보안등급에 속해있으며 법적 책임을 야기할 수 있는 경우(다른 사람들은 여러분이 모르는 사이 이메일을 포워딩하고, 표현을 고치거나 삭제할 수 있으며, 이메일을 다른 맥락에 집어넣어 그 의미를 바꿀 수도 있다)

이메일은 여러분의 생산성을 엄청나게 높여준다. 단, 이메일로 인해 여러분이 빈곤한 커뮤니케이션 습관에 갇히는 때가 아닌, 이메일을 제대로 다룰 수 있을 경우에만 그렇다. 이제 여러분은 자유로워질 수 있는 열쇠를 가지게 됐다. 이 열쇠를 쥐고 앞으로 달려 나가보자.

감사의 말

언제나처럼 나는 우리 고객들에게 커다란 감사의 빚을 졌다. 우리 고객들은 몇 년간 기꺼이 내게 당신들의 이야기와 이메일 예시들을 공유해왔다.

조시 패커드Josh Packard 박사, 매건 비셀Megan Bissell, 그리고 노던 콜로라도대학교의 소셜 리서치 랩 직원들 덕에 다양한 산업의 이메일 사용자들과 모든 직위의 화이트칼라 노동자들을 대상으로 설문조사를 실시할 수 있었다. 이들의 조언은 최근의 이메일 경험과 기대, 특히나 사용된 기술과 보안문제 등을 파악하는 데에 매우 유용했다.

그 다음으로 나는 원고를 읽고 통찰력 넘치는 의견을 나눠준 초기 검토자들에게 감사하고 싶다. 주디 질레랜드Judy Gilleland, 세라 모들린Sarah Modlin, 토빈 오도넬Tobin O'Donnell, 버논 래이Vernon Rae, 프라파 스타우트Frappa Stout, 그리고 조셉 웹Joseph Webb 에게 고마움을 전한다.

마지막으로 베렛 콜러 출판사의 모든 팀과 특히나 내 담당 에디터인 닐 매일럿Neal Maillet에게 감사드린다. 책 한 권을 출판하는 데에 있어서 이보다 더 멋진 친구들로 이뤄진 팀을 찾는다는 것은 어려운 일이라 생각한다.